유클리드가 들려주는
기하학 원론 이야기

NEW 수학자가 들려주는 수학 이야기 36
유클리드가 들려주는 기하학 원론 이야기

ⓒ 유대현, 2009

2판 1쇄 인쇄일 | 2025년 6월 26일
2판 1쇄 발행일 | 2025년 7월 10일

지은이 | 유대현
펴낸이 | 정은영
펴낸곳 | (주)자음과모음

출판등록 | 2001년 11월 28일 제2001-000259호
주소 | 10881 경기도 파주시 회동길 325-20
전화 | 편집부 (02)324-2347, 경영지원부 (02)325-6047
팩스 | 편집부 (02)324-2348, 경영지원부 (02)2648-1311
e-mail | jamoteen@jamobook.com

ISBN 978-89-544-5281-6 44410
      978-89-544-5196-3 (세트)

• 잘못된 책은 교환해 드립니다.

유대현 지음

NEW
수학자가 들려주는
수학 이야기
36

유클리드가 들려주는
기하학 원론 이야기

㈜자음과모음

추천사

수학자라는 거인의 어깨 위에서 보다 멀리, 보다 넓게 바라보는 수학의 세계!

수학 교과서는 대개 '결과'로서의 수학을 연역적으로 제시하는 경향이 강하기 때문에 학생들은 수학이 끊임없이 진화해 왔다고 생각하기 어렵습니다. 그렇지만 수학의 역사는 하나의 문제가 등장하고 그에 대해 많은 수학자가 고심하고 이를 해결하는 가운데 새로운 아이디어가 출현해 온 역동적인 과정입니다.

〈NEW 수학자가 들려주는 수학 이야기〉는 수학 주제들의 발생 과정을 수학자들의 목소리를 통해 친근하게 이야기 형식으로 들려주기 때문에 학생들이 수학을 '과거 완료형'이 아닌 '현재 진행형'으로 인식하는 데 도움이 될 것입니다.

학생들이 수학을 어려워하는 요인 중의 하나는 '추상성'이 강한 수학적 사고의 특성과 '구체성'을 선호하는 학생의 사고 사이에 존재하는 간극이며, 이런 간극을 줄이기 위해서 수학의 추상성을 희석시키고 수학 개념과 원리의 설명에 구체성을 부여하는 것이 필요합니다.

〈NEW 수학자가 들려주는 수학 이야기〉는 수학 교과서의 내용을 생동감 있게 재구성함으로써 추상적인 수학을 구체성을 갖는 수학으로 변모시키고 있습니다. 또한 중간중간에 곁들여진 수학자들의 에피소드는 자칫 무료해지기 쉬운 수학 공부에 윤활유 역할을 해 줄 것입니다.

〈NEW 수학자가 들려주는 수학 이야기〉의 구성을 보면 우선 수학자의 업적을 개략적으로 소개하고, 6~9개의 강의를 통해 수학 내적 세계와 외적 세계, 교실 안과 밖을 넘나들며 수학 개념과 원리를 소개한 후 마지막으로 강의에서 다룬 내용을 정리합니다.

이런 책의 흐름을 따라 읽다 보면 각각의 도서가 다루고 있는 주제에 대한 전체적이고 통합적인 이해가 가능하도록 구성되어 있습니다. 〈NEW 수학자가 들려주는 수학 이야기〉는 학교 수학 교과 과정과 긴밀하게 맞물려 있으며, 전체 시리즈를 통해 학교 수학의 많은 내용들을 다룹니다. 따라서 〈NEW 수학자가 들려주는 수학 이야기〉를 학교 수학 공부와 병행하면서 읽는다면 교과서 내용의 소화 흡수를 도울 수 있는 효소 역할을 할 것입니다.

뉴턴이 'On the shoulders of giants'라는 표현을 썼던 것처럼, 수학자라는 거인의 어깨 위에서는 보다 멀리, 넓게 바라볼 수 있습니다. 학생들이 〈NEW 수학자가 들려주는 수학 이야기〉를 읽으면서 각 수학자의 어깨 위에서 보다 수월하게 수학의 세계를 내다보는 기회를 갖기를 바랍니다.

홍익대학교 수학교육과 교수 | 《수학 콘서트》 저자 박경미

책머리에

교과서 속에 살아 숨 쉬는
유클리드의 '원론' 이야기

《기하학 원론》은 약 2300여 년 전에 쓰인 책입니다.《기하학 원론》의 내용은 그 후 약 2000년간 수학의 초석이 되었습니다.

유클리드의《기하학 원론》은 성경 다음으로 많이 팔린 책이지요. 그야말로 베스트셀러입니다. 그만큼 유클리드《기하학 원론》은 많은 사람이 읽고, 그 기초 위에 많은 수학자가 자신의 수학 연구를 해 나갔습니다. 유클리드의《기하학 원론》은 기하학의 기초인 만큼 여러분이 공부하고 있는 수학에 있어서 아직도 그 내용이 교과서의 기초가 될 정도랍니다. 여러분도 수학에서 기초가 얼마나 중요한지는 알고 있을 것입니다. 이 책을 공부한 뒤 수학 교과서에서《기하학 원론》에 있는 내용을 보게 된다면 유클리드를 떠올리게 될 것입니다.

여러분이《기하학 원론》의 내용에 대해서 공부해야 하는 이유는 크게 두 가지로 볼 수 있습니다. 첫째는 수학의 발달 과정입니다. 수학이 어디서부터 시작되었는지는 알 수 없지만, 적어도 우리의 선조가 어떤 내용을 공부했고 역사 속에 뛰어난 수학자들이 무엇을 기초로 공부했는지 안다면, 수학은 암기를 통해 배울 수 있는 것이 아니라 이해를 해야 하는 지식이라는 것을 알 수 있을 것입니다. 그리고 유클리드의《기하학 원론》이라는 책이 없었다면, 뛰어난 수학자들이 역사에 남을 위대한 업적을 만들 수 없었다는 사실을 통해 유클리드 《기하학 원론》의 힘을 알 수 있습니다.

두 번째 이유는 그리스인의 '생각하는 힘'입니다. 그 전까지의 학문이 생활 속에서 경험을 통해 하나둘씩 얻어진 것이라면, 그리스인은 모든 사실에 '왜?' 라는 의문을 가짐으로써 학문을 탐구하는 힘을 얻을 수 있었습니다. 당연한 사실도 왜 그런지 탐구하고, 더 이상 의심이 없을 때까지 탐구하면서 그들은 자연스럽게 더 이상 누구도 부정할 수 없는 진리를 발견하게 되었답니다. 여러분도 이 책을 읽고 난 후 그리스인의 '생각하는 힘'을 얻기 바랍니다.

마지막으로 여러분이 한 가지 꼭 기억했으면 하는 내용이 있습니다. 그것은 바로 수학은 우리의 생활 속에서 살아 숨 쉬고 있다는 사실입니다. 책 속에서 이집트의 수학에 대해 설명한 것도 수학이라는 것이 단순히 책 속에만 존재하는 것이 아니라 우리의 생활 속에서 만나는 여러 가지 문제를 손쉽게 해결하기 위해 등장한 것이라는 사실을 여러분에게 알리고 싶어서입니다. 수학은 생활에서 출발하고, 결국 다시 생활 속에서 그 힘을 발휘하게 되는 것이지요. 게다가 그리스인의 '생각하는 힘'까지 얻게 되니 그야말로 일석이주인 셈이지요. 여러분이 이 책을 통해 수학과 좀 더 친근해지고, 유클리드와 함께 재미있는 기하학 탐구를 하기 바랍니다.

유대현

차례

추천사   4
책머리에   6
100% 활용하기   12
유클리드의 개념 체크   18

1교시
원시인들도 기하학을?   27

2교시
기하학이 태어난 곳, 이집트   43

3교시
기하학의 성장기, 그리스   59

4교시
유추와 추론에 의한 학문의 발전   81

5교시
《기하학 원론》의 시작은 5공리와 5공준으로부터　　　　95

6교시
기하학의 교과서 《기하학 원론》이란?　　　　109

7교시
《기하학 원론》의 단점, 평행선 공준!　　　　125

8교시
비유클리드 기하학　　　　139

9교시
그림이 없는 기하학, 해석기하학　　　　151

1 이 책은 달라요

《유클리드가 들려주는 기하학 원론 이야기》는 기하학의 탄생과 발전 과정을 역사 속에서 알아볼 수 있도록 한 책입니다. 수학자 유클리드와 기하학의 발전 과정을 하나씩 알아 가다 보면, 우리가 배우고 있는 도형에 대해 쉽게 알 수 있습니다. 또한 그리스 시대에 수학을 발전시킨 수학자들과 그들이 만들어 낸 수학에는 어떤 것이 있는지 알아볼 것입니다. 그리고 유클리드 이후에 기하학은 어떻게 발전되었는지 알게 될 것입니다.

2 이런 점이 좋아요

이 책은 옛날이야기를 듣듯이 유클리드의 설명을 들으며 기하학 탄생의 기원과 시대적 배경을 알 수 있습니다. 또한 이집트와 그리스에서 기하학이 어떻게 받아들여지고 발전하게 되었는지를 통해 두 나라의 수학적 특성을 알 수 있습니다. 결론을 간단히 설명하자면 이집트의 실생활로서의 수학과 그리스의 학문으로서의 수학이라는 차이입니다. 또한 후대에 기하학이 어떻게 발전하게 되었는지 알 수 있습니다. 유클리드의 기하학뿐만 아니라 데카르트, 리만, 페르마의 업적 역시 살펴볼 수 있습니다.

3 교과 연계표

학년	단원(영역)	관련된 수업 주제 (관련된 교과 내용 또는 소단원명)
초 4	도형과 측정	여러 가지 사각형, 수직과 평행
중 1 비교과	도형과 측정	기본 도형
중 2	도형과 측정	피타고라스의 정리

4 수업 소개

1교시 원시인들도 기하학을?

인류의 역사에서 기하학이 어떻게 시작되었는지 공부합니다.

- 선행 학습 : 바위 위에 새긴 그림 '암각화'
- 학습 방법 : 글이 없던 시대의 원시인은 머릿속에서 어떤 그림을 그

100% 활용하기

렸을까 생각하며 공부합니다.

2교시 기하학이 태어난 곳, 이집트

이집트의 자연환경에서 기하학이 발달할 수 있었던 이유를 알아보고, 이집트인의 수학은 그들의 생활과 어떤 관련이 있는지 알아봅니다.

- 선행 학습
  - 나일강 : 이집트의 남북을 가로질러 흐르는 강
  - 범람 : 홍수나 많은 비로 인하여 강이 넘쳐흐르는 현상
  - 피라미드 : 이집트 왕들의 무덤
- 학습 방법 : 이집트의 생활 환경과 기하학과의 관계를 알아봅니다.

3교시 기하학의 성장기, 그리스

기하학이 그리스로 넘어오면서 이집트와 어떤 다른 점이 있었는지 생각해 봅니다. 그리스 시대에 학문이 발전한 이유에 대해 알아봅니다.

- 선행 학습
  - 그리스 : 지중해를 두고 이집트와 마주 보는 위치에 있는 나라
  - 실험적 기하학 : 실생활의 많은 경험을 토대로 발전한 기하학
  - 연역적 기하학 : '왜?'라는 질문을 통해 수학적 이유를 따지며 발전한 기하학
  - 그리스 시대의 위대한 수학자 : 탈레스, 피타고라스, 유클리드 등

- 학습 방법 : 역사적으로 그리스와 이집트의 관계를 이해하고, 학문으로 발전하지 못한 이집트 기하학이 그리스로 넘어오면서 어떻게 학문적으로 발전하게 되었는지 알아봅니다.

4교시 유추와 추론에 의한 학문의 발전

학문을 탐구하는 데 중요한 수단인 유추와 추론이 무엇인지 이해하고, 그리스 시대에 유추와 추론이 어떻게 사용되었는지 알아봅니다.

- 선행 학습
- 그리스 : 지중해를 두고 이집트와 마주 보는 위치에 있는 나라
- 실험적 기하학 : 실생활의 많은 경험을 토대로 발전한 기하학
- 연역적 기하학 : '왜?'라는 질문을 통해 수학적 이유를 따지며 발전한 기하학
- 학습 방법 : 유추와 추론의 차이점과 공통점을 비교하면서 공부합니다.

5교시 《기하학 원론》의 시작은 5공리와 5공준으로부터

《기하학 원론》을 이해하는 데 기본적인 명제인 5공리와 5공준에 대해 공부해 봅니다.

- 선행 학습
- 직관 : 대상을 감각에 의해 한 번에 파악하는 것을 의미

- 논리학 : 추론과 증명에 의해 이치를 따지는 학문
- **학습 방법** : 그림을 보며, 그리스 시대 사람이 했던 것처럼 하나씩 따지듯이 공부합니다.

6교시 기하학의 교과서 《기하학 원론》이란?

《기하학 원론》의 구성과 내용에 어떤 것이 있는지 공부합니다.

- **선행 학습**
- 히포크라테스 : 그리스 시대의 수학자, 의사인 히포크라테스와는 다른 사람
- 양피지 : 종이가 발명되기 전, 종이와 같은 용도로 짐승의 가죽을 이용하여 글을 남기는 데 사용
- **학습 방법** :《기하학 원론》에 수록되어 있는 여러 가지 명제에 대해 하나씩 이해하며 공부합니다.

7교시 《기하학 원론》의 단점, 평행선 공준!

후대 수학자들이 왜 평행선 공준에 의문을 품었는지 알기 위해 평행선 공준에 대해 좀 더 깊이 알아봅니다.

- **선행 학습**
- 직각 : 두 선분이 만나서 만드는 각의 크기가 90°인 경우 또는 90°인 각
- 평행선 : 두 직선을 한 평면에서 한없이 늘이더라도 만나지 않을 경

우 두 직선을 평행선이라고 합니다.
- 학습 방법 : 평행선 공준이 의미하는 것이 무엇인지 따지며 공부합니다.

8교시 비유클리드 기하학

비유클리드 기하학은 어떻게 나오게 되었으며, 비유클리드 기하학에서 말하는 기하학은 어떤 것인지 알아봅니다.
- 선행 학습 : 구면_{평평한 면이 아닌 굽은 면, 공의 표면은 구면이다}
- 학습 방법 : 그림을 보며 비유클리드 기하학과 유클리드 기하학의 다른 점을 비교해 봅니다.

9교시 그림이 없는 기하학, 해석기하학

해석기하학의 탄생과 해석기하학에서는 도형을 어떻게 다루는지에 대해 알아봅니다.
- 선행 학습
 - 파푸스 : 그리스 시대 말기의 수학자로서《수학 집성》의 저자
 - 좌표 : 축을 이용하여 공간의 위치를 설명, 지도상의 경도와 위도도 좌표의 하나입니다.
 - 미분 : 어떠한 양이 변하는 속도. 수학에서는 적분과 함께 함수를 탐구하는 학문

- 적분 : 어떤 함수의 정의역에 포함되는 부분집합에서, 그 함수가 가지는 리만 합의 극한으로 정의됩니다. 역사적으로는 미분과 별개의 분야로 출발했으나, 적분값을 나타내는 함수가 역도함수와 같다는 것이 미적분학의 기본 정리를 통해 증명되면서 미적분학으로 발전하였습니다.
• 학습 방법 : 심화 내용이므로 수준별로 학습합니다.

유클리드를 소개합니다
Euclid(B.C.330~B.C.275)

나는《기하학 원론》을 집대성한 고대 그리스 수학자입니다.

이전의 기하학을 체계적으로 정리한 것으로 기하학에서만큼은 나의 공헌을 따라올 자가 없답니다. 그래서 많은 사람은 기하학 하면 나를 떠올리지요.

내가 쓴《기하학 원론》은 전 세계적으로 성경 다음으로 많이 팔린 책입니다. 원래 제목은 그리스어로 '스토이케이아($\Sigma\tau o \iota \chi \epsilon \tilde{\iota} \alpha$)'라고 하며 '원소', '구성 요소', '글자' 등을 뜻합니다. 게다가 이 책이 처음 쓰인 후 약 1500년간 수학 교과서로도 쓰였답니다.

 여러분, 나는 유클리드입니다

안녕하세요? 나는 여러분이 공부하게 될 《기하학 원론》의 저자 유클리드입니다. 내 소개를 하려면 내가 언제 어디서 살았는지를 먼저 말해야겠지요?

나는 B.C.300년경, 지금으로부터 약 2300여 년 전 그리스에 살던 수학자입니다. 그 당시에는 유클리드라는 이름이 많아서 태어난 지방과 함께 '알렉산드리아의 유클리드'라고 불리기도 했답니다.

여러분과 너무 오랜 시간 차이를 두고 만나게 되니 여러분이 살고 있는 시대의 수학에 비하면 내가 정리한 수학적 정리가 초라해 보일 것 같아 걱정되기도 하네요.

그렇지만 후배 수학자들이 나에게 '기하학의 아버지'라는 거창한 별명을 지어 주었듯이 기하학에 대해서는 여러분에게 할 말이 많답니다.

　여러분은 그리스의 수학자 하면 누가 떠오르나요?

　내가 살던 시대에는 학문이 꽃을 피운 시기라 유명한 학자가 많이 있답니다. 그중 여러분이 잘 알고 있는 수학자로는 탈레스와 피타고라스가 있지요. 이들은 내가 태어나기 이전의 수학자입니다. 이들이 없었다면 나는《기하학 원론》이라는 책을 쓰지 못했을 거예요. 자랑 같지만 나 유클리드도 탈레스와 피타고라스 못지않게 유명하답니다. 그래서 후대 사람은 이 두 수학자와 나를 그리스 3대 수학자라고 하지요.

가장 오래된《기하학 원론》한 조각

　그럼 이제 내가 쓴《기하학 원론》에 대해서 간략하게 설명할게요. 내가 책을 쓰기 전에도 여러 가지《기하학 원론》이 존재했습니다. 앞으로 공부하게 될 내용이지만, 그 당시 그리스 학자들은 수학에 많은 관심을 가졌으며, 자신이 정리해 놓은 수학책에 《기하학 원론Elements》이라는 이름을 붙였답니다. 그중 내 책이 가장 유명한 이유는 그들보다 좀 더 체계적으로 수학적 사실을 정리했기 때문이지요.

사실 유클리드라는 내 이름보다도 《기하학 원론》이라는 책 이름이 더욱 유명하답니다. 《기하학 원론》은 지구상에 존재하는 책 중에서 두 번째로 많이 팔린 책이니 얼마나 많은 사람이 이 책을 봤는지 짐작할 수 있겠지요? 《기하학 원론》의 내용 중에는 기하학뿐만 아니라 '수'에 대해서도 설명하고 있답니다. 하지만 '수'에 대한 이야기는 영 자신이 없어서 '기하학'의 내용이 대부분이지요.

나의 《기하학 원론》은 23권으로 이루어져 있답니다. 깜짝 놀랐죠? 여러분이 공부해야 하는 책이 23권이나 되다니! 벌써 한숨 소리가 들리기 시작하는데요? 하지만 겁먹을 필요는 없어요. 여기에서 '권'이라는 것은 1권, 2권처럼 책을 세는 단위가 아니라 두루마리 23개를 뜻하는 거랍니다. 옛날에는 인쇄술이 발달하지 못해서 가죽으로 만들어진 '양피지'라는 것에 글을 기록했습니다. 그리고 글을 쓴 양피지를 두루마리로 만들어서 보관했지요. 그래서 양피지 두루마리 23개를 23권이라고 하는 것입니다. 여러분은 과거를 배경으로 하는 드라마에서 종이로 된 두루마리를 보았을 거예요. 바로 그런 두루마리라고 생각하면 됩니다.

　이제야 좀 안심이 된다고요? 네. 수학은 여러분이 생각하는

것만큼 어렵지 않답니다.

  내가《기하학 원론》을 쓴 이유는 아주 간단합니다. 처음 수학 공부를 시작할 때, 다른 사람이 써 놓은 여러 기하학 책을 보았는데, 체계가 잘 잡힌 수학책이 없어서 매우 고생을 했답니다. 그래서 결심했지요. '체계적으로 정리한 책을 써 보자!'라고요. 그래서 하나씩 정리하다 보니《기하학 원론》이 탄생하게 되었답니다. 그 후《기하학 원론》은 기하학 교과서로 약 2000년간 수학을 가르쳤지요. 그래서 많은 수학자가 내가 쓴《기하학 원론》을 교과서로 공부했으니 어떻게 보면 모두 나의 제자라고도 할 수 있답니다.

  에헴! 이야기를 하다 보니 내 자랑이 되어 버렸군요.

  모든 수학자는 선배 수학자들이 없었다면 자신의 업적을 이루지 못했을 거예요. 사실 나도 마찬가지랍니다. 기하학을 처음 시작하게 된 이집트인이나, 그리스 시대의 탈레스, 피타고라스를 비롯하여 많은 수학자가 있었기 때문에 나도《기하학 원론》이라는 책을 쓸 수 있었습니다. 그뿐만 아니라 여러분이 가장 많이 알고 있는 위대한 수학자 뉴턴도 마찬가지입니다. 그래서 뉴턴도 다음과 같은 말을 했지요.

"만약 내가 멀리 볼 수 있었다면, 거인의 어깨 위에 앉았기 때문이다."

여기서 거인이란 바로 뉴턴보다 앞선 시대에 있었던 수학자들을 의미합니다. 그들 덕분에 자신의 업적을 남길 수 있었다는 말이지요. 나도, 여러분도 마찬가지랍니다. 여러분도 자신보다 앞선 시대에 살았던 수학자들이 수학을 잘 정리했기 때문에 좀 더 쉽게 수학을 공부할 수 있는 것이랍니다.

마지막으로 여러분에게 다음과 같이 당부하고 싶습니다. 수학의 첫걸음은 '왜?'라는 질문으로 시작하라는 것입니다. 여러분이 수학 공부를 하는 것을 보면 마치 암기 과목 공부하듯이, 문제 푸는 방법을 외워서 하는 것을 보았습니다. 내가 나서서 "수학은 그렇게 공부하는 게 아니야."라고 말릴 수가 없으니 참으로 안타깝습니다. 수학은 암기가 아닌 이해가 먼저라는 사실을 꼭 기억하세요. 수학을 암기하여 공부하면 어렵기만 하고 점점 수학의 재미가 없어진답니다.

내가 살던 그리스 시대에는 항상 '왜 그렇지?'라는 질문으로 수학을 공부했답니다. 여러분도 이제부터는 나를 믿고, 이해를 통해서 수학을 공부하는 습관을 기른다면 수학이 점점 쉬워질 거예요. 그럼 나와 《기하학 원론》을 공부하며 기하학의 시대로 여행을 떠나 볼까요?

1교시

원시인들도
기하학을?

기하학의 뜻과 기하학의 기원에 대해서 알아봅시다.

수업 목표

1. 기하학의 뜻을 알아봅니다.
2. 암각화와 아프리카의 민속 문양을 보며, 고대인들의 기하학적 사고를 알아봅니다.

미리 알면 좋아요

1. **암각화** 고대인들이 글이 없던 시대에 자신의 생각을 바위에 그림으로 나타낸 것. 암각화를 통해 고대인의 사고방식과 생활 양식을 알아볼 수 있습니다.

2. 아프리카의 공예품에는 여러 가지 기하학적 무늬가 숨어 있습니다. 이러한 무늬는 고대인의 기하학적 사고방식이 수학이 아닌 예술이라는 분야로 발전하게 된 것입니다. 그러므로 예술과 수학은 하나의 뿌리를 갖고 있다고 할 수 있습니다.

유클리드의 첫 번째 수업

　첫 시간에는 기하학이 무엇인지, 기하학은 어떻게 발전하게 되었는지에 대해서 나와 함께 공부를 할 거예요. 그럼 먼저 기하학이 무엇인지 알아보겠습니다.

　학자들은 어려운 단어를 사용해서 학생들이 겁을 내게 한답니다. 만약 내가 여러분이 살고 있는 시대에 함께 살고 있었다면 좀 더 쉬운 말로 바꾸어 놓았을 텐데 말이죠. 기하학이라는 말도 마찬가지랍니다. 기하학은 여러분도 잘 알고 있는 학문의 한 분야지요. 그럼 간단히 기하학을 정의해 볼까요?

쏙쏙 이해하기

기하학幾何學이라는 말은 한자인데 백과사전에는 '도형 및 공간의 성질에 대하여 연구하는 수학의 한 부문'이라고 설명되어 있습니다.

'셀 수 있는 수', '얼마'를 나타내는 기幾
'왜'를 나타내는 하何
학문을 나타내는 학學

한자를 그대로 풀이하면 얼마인지 그리고 왜 그러한지를 탐구하는 학문입니다. 기하幾何라는 말은 내가 쓴 글인《기하학 원론》이 선교사인 마테오 리치Matteo Ricci, 1552~1610에 의해 중국으로 들어가고 중국 명나라 학자인 서광계徐光啓, 1562~1633에 의해《기하원본幾何原本》이라고 번역되면서 그 이후로 기하라고 불려졌답니다. 하지만 한자의 뜻만 가지고는 어떤 학문인지 알 수가 없다고요? 그럼요, 설마 기하학의 아버지라고 불리는 나 유클리드가 이 정도 설명으로 끝내겠어요?

그럼 영어를 해석해 볼까요? 기하학은 영어로 geometry라고 합니다. 이 단어는 그리스어인 geometria게오메트리아에서 나온 말이랍니다. 왜 그리스어인가 궁금하지요? 그것은 내가 그리스 사람이고, 기하학이 처음 시작된 시기가 고대 그리스 시대이기 때문이지요. 이 단어는 geo와 metria가 합쳐져 만들어진 단어입니다. geo는 '땅'을 의미하고 metria는 '재다', '측량하다'라는 의미를 가지고 있습니다. 따라서 기하학의 시작은 '땅을 측량하고 재는 학문'이라고 생각할 수 있습니다. 왜 '도형 및 공간의 성질에 대하여 연구하는 수학의 한 부문'인 기하학이 땅을 재고 측량하는 학문인지는 다음 시간에 설명하도록 하지요.

기하학의 시작

여러분은 자기소개를 할 때 가장 먼저 하는 말이 무엇인가요? 대부분의 학생이 이렇게 말할 겁니다.

"저의 이름은 ○○○입니다. 저는 ○○○○년도에 태어났고, 나이는 ○○살입니다."

마찬가지로 기하학에 대해 알고 싶다면 기하학이 언제부터 시작되었는지 알아야 하겠지요.

기하학은 정확히 몇 년도에 태어났는지 알 수가 없습니다. 그리고 기하학이 태어날 시기에는 종이나 연필이 없었기 때문에 기록도 남아 있지 않고요. 하지만 종이와 연필이 없다고 해서 기록을 할 수 없는 것은 아닙니다. 그럼 기하학이 태어난 기록은 어디에 남아 있을까요? 그건 다름 아니라 돌이랍니다.

"돌이라고요? 어떻게 돌에 기록을 남기지요?"

좋은 질문입니다.

인간은 문자와 종이가 없더라도 자신의 기록을 남기고 싶어 했답니다. 그래서 할 수 없이 돌에 기록을 남겨 놓았지요. 돌에 남겨 놓은 기록 중에 그림으로 표현한 것을 암각화❶라고 합니다. 원시 시대 사람의 생활이나 생각하는 방법을 알 수 있는 중요한 기록이지요.

> **메모장**
> ❶ **암각화** 바위나 돌로 만들어진 벽에 새기거나 쪼아서 만든 그림

그럼 지금부터 암각화를 통해 원시인의 기하학에 대한 생각을 알아볼까요? 원시인들의 그림을 보면 그들이 자연 현상을 어떻게 바라보았으며, 무엇을 생각했는지 그리고 어떻게 생활했는지 알 수 있답니다. 아래 그림은 우리나라의 유명한 암각화 중 하나인 울산 지역에서 발견된 '반구대 암각화'입니다. 이 그림을 보면 우리나라 조상들이 어떻게 생활했는지 그리고 그들이 세상을 바라보는 방법은 어떠했는지를 알 수 있지요?

반구대 암각화와 복제 모습

앞의 그림은 울산의 반구대 암각화와 암각화를 알아보기 쉽게 그려 놓은 복제 그림입니다. 이 그림 속에는 육지 동물과 물고기를 사냥하는 장면 등 총 75종 300여 점 가까이 되는 그림이 새겨져 있습니다. 육지 동물은 호랑이, 멧돼지, 사슴 등 45점이 묘사되어 있고, 바다 동물은 작살 맞은 고래, 새끼를 데리고 다니는 고래의 모습이 그려져 있습니다. 이 암각화는 고래 사냥을 우리나라에서 시작했다는 기록이 되기도 하지요. 이런 그림이 원시인들의 기하학과 무슨 상관이 있냐고요?

그럼 오른쪽 그림을 더 볼까요? 오른쪽 그림은 2008년 영국에서 발견된 암각화로서 약 5000년 전에 그려졌다고 합니다. 이 그림을 보면 첫 번째 그림에는 일정하게 반지름이 커지는 동심원들이 그려져 있습니다. 그리고 두 번째 그림은 여러 겹의 직사각형 안에 여러 개의 점이 찍혀 있고,

영국의 암각화

세 번째 그림에는 다양한 크기의 동심원과 지름, 반지름이 그려져 있습니다. 이 그림을 보면 여러분이 알고 있는 여러 도형

이 나타나게 되지요. 앞의 반구대 암각화가 원시인들의 생활을 보여 준다면, 영국의 암각화는 원시인들의 생각이 점차 추상적으로 발전하고 있다는 것을 알 수 있습니다. 원시인들이 동심원, 직사각형, 점 등과 같은 것은 정확히 무엇인지 알지는 못했겠지요. 하지만 그들 나름대로 세상을 바라보고, 그것을 추상적인 방법으로 나타내려고 했다는 것을 알 수 있습니다. 아마도 이런 원시인들의 생각이 기하학의 시작이 아니었을까 하고 선생님은 조심스럽게 생각해 본답니다.

여러분의 생각은 어떤가요? 이 암각화들이 무엇을 의미하는지는 문자로 된 기록이 남아 있지 않아서 알 수 없지만 도형을 탐구하는 기하학에 있어서는 중요한 자료가 아닐 수 없네요.

아프리카인들의 기하학적 무늬

처음에 기하학은 학문이 아니라 그림이나 아름다움을 나타내는 것으로 출발했습니다. 이처럼 아름다운 무늬를 만들어 내기 위해 사용된 기하학의 증거는 아프리카에 많이 남아 있답니다. 그럼 아프리카인들은 기하학적 무늬를 이용하여 어떤 아름다운 무늬들을 만들었는지 알아볼까요?

아프리카 사람의 생활을 보면 그들의 도형에 대한 탐구가 학문이 아니라 미술로 발전했음을 알 수 있어요.

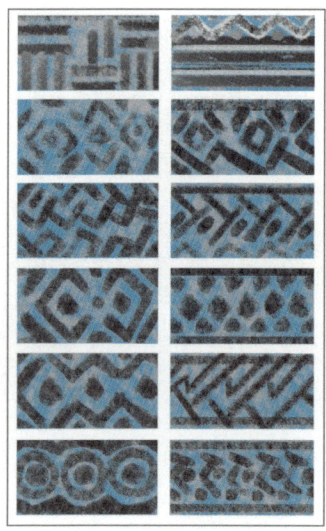
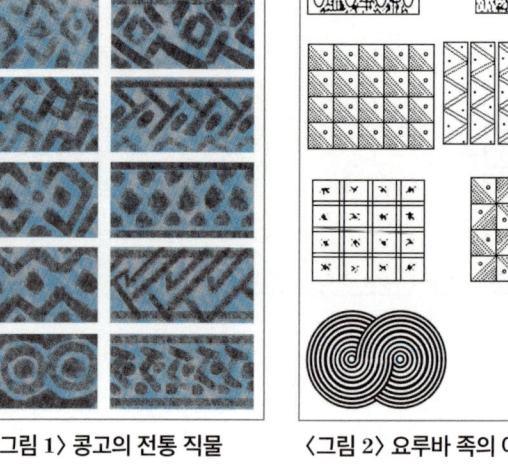

〈그림 1〉 콩고의 전통 직물   〈그림 2〉 요루바 족의 아다레 천

　〈그림 1〉은 아프리카 콩고족의 전통 직물들입니다. 이 직물들에 나타난 무늬를 보면 그들이 기하학을 어떻게 아름다운 무늬에 응용했는지 잘 알 수 있답니다. 또한 〈그림 2〉는 아프리카 원주민인 요루바족이 천에 염색한 아다레 천이라고 합니다. 이 무늬는 다양한 대칭 무늬이지요. 특히 〈그림 2〉의 마지막 그림은 요루바족이 정삼각형을 그릴 때 반지름이 같은 두 원을 이용하여 그렸음을 나타냅니다. 이것은 내가 쓴 《기하학 원론》의 제1권에서 설명하는 정삼각형을 그리는 방법과 같지요. 놀랍

지 않나요? 수학과 미술에서 다루는 기하학의 방법이 너무나 비슷하게 나타나잖아요. 이제 미술과 기하학은 하나의 뿌리를 가지고 있음을 여러분도 알 수 있겠지요?

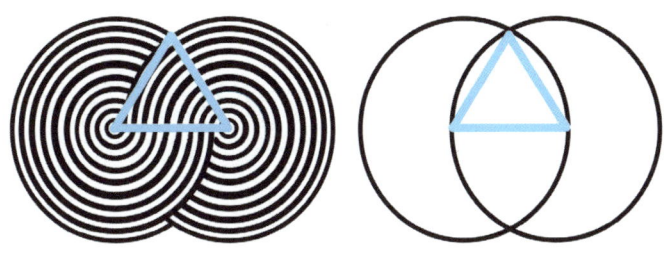

요루바족이 정삼각형을 그린 방법과 원론에서 정삼각형을 그리는 방법

오늘은 기하학이 무엇이며, 언제 태어났는지를 알아보았어요. 어때요? 첫 시간이 너무 지루하지 않았나요? 수학 수업이 아니라 역사 수업 같다고요? 어쩔 수 없답니다. 기하학을 제대로 알기 위해서는 기하학이 어떻게 시작했는지를 잘 알고 있어야 하니까요. 다음 시간에는 기하학이 생활 속에서 어떻게 쓰였는지를 알아볼 겁니다. 2교시에 만나요!

수업 정리

❶ 기하학geometry은 그리스어로 '땅의 넓이를 재다.'라는 뜻을 가진 단어입니다.

❷ 암각화는 원시인들의 생활 모습과 그들의 생각을 알 수 있는 좋은 자료입니다.

❸ 영국에서 발견된 약 5000년 전의 암각화는 그 시대 사람의 도형에 대한 추상적인 사고를 잘 알 수 있습니다.

❹ 기하학은 학문으로 발전한 것이 아니라 미술의 아름다운 무늬로 발전하기도 했습니다.

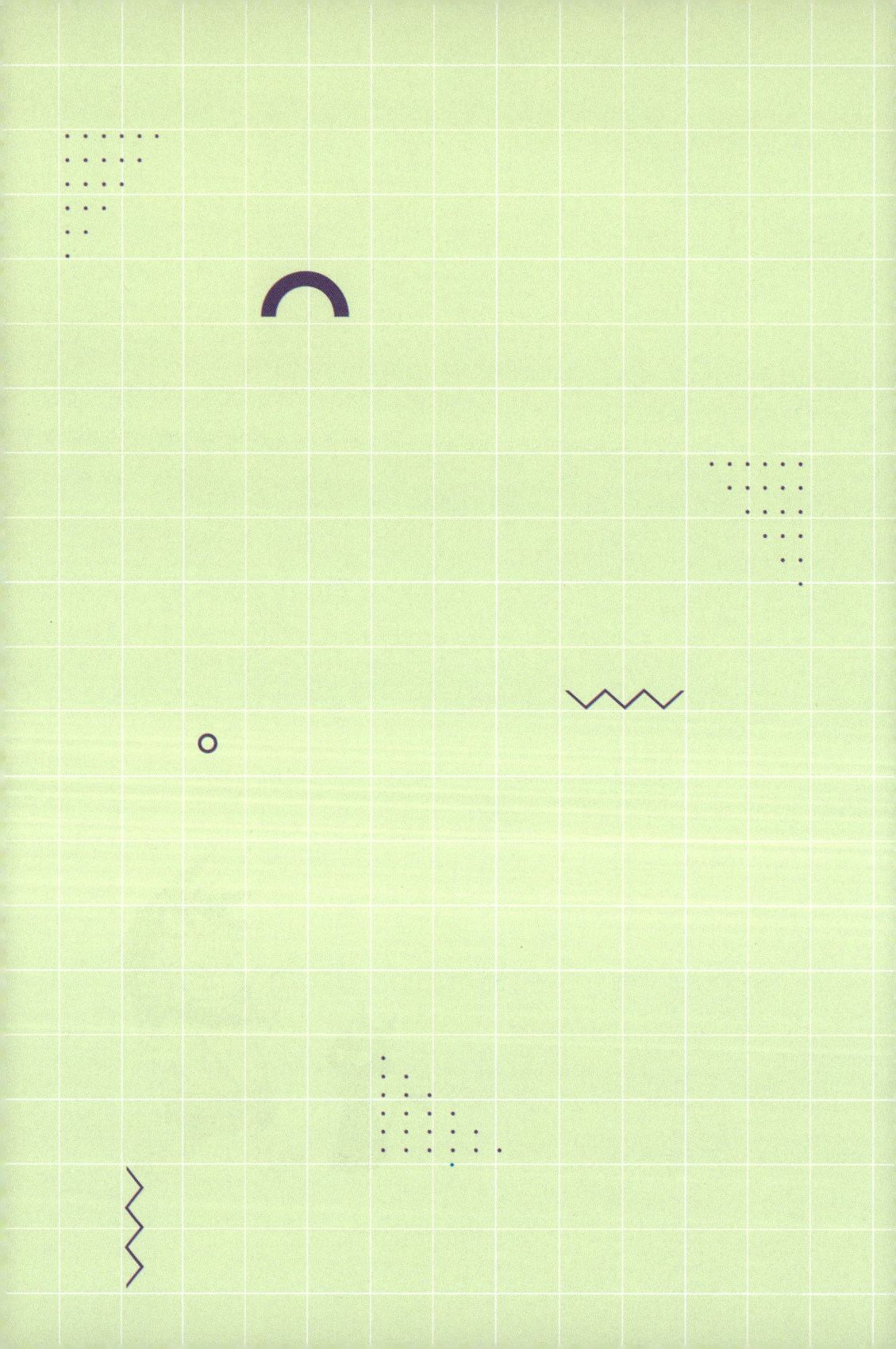

2교시

기하학이 태어난 곳, 이집트

기하학이 이집트에서 탄생하게 된 배경에 대해
알아봅시다.

수업 목표

1. 이집트의 자연환경과 기하학의 발전 관계를 이해합니다.
2. 이집트 기하학의 특징을 알아봅니다.

미리 알면 좋아요

1. **이집트** 이집트는 북아프리카의 한 나라로서, 지중해를 사이에 두고 유럽 대륙의 맞은편에 위치한 나라입니다. 이집트는 남에서 북으로 가로지르는 나일강이 있어 고대 4대 문명 중의 하나로 발전하게 됩니다. 나일강은 이집트인에게 풍부한 물을 제공하여 농사를 짓게 해 주었답니다.

2. **피라미드** 고대 이집트 왕인 파라오들의 무덤으로서, 거대한 규모와 건축술 때문에 세계 7대 불가사의 중의 하나로 꼽힙니다. 피라미드 속에 파라오와 함께 묻힌 여러 가지 유물은 이집트인의 삶과 문화를 알려 주는 소중한 세계 유산입니다.

유클리드의
두 번째 수업

안녕하세요? 여러분 벌써 두 번째 수업 시간이에요. 첫 번째 수업은 어땠나요? 여러분이 수학을 너무 어려워한다는 이야기를 듣고 어떻게 하면 수학과 친해질 수 있을까 하고 많은 고민 끝에 지루하지 않은 수업을 하려고 노력했는데, 여러분은 어땠는지 궁금하네요.

뭐라고요? 수학 시간이 아니라 역사 시간 같다고요? 흠, 그랬군요. 앞으로도 두 시간 정도는 역사에 대해 좀 더 공부해야 한답니다. 왜냐하면 여러분이 사는 시대와 내가 살았던 시대는 약 2300여 년의 차이가 나기 때문이에요. 여러분에게 내가 살던 시대 그리고 내가 《기하학 원론》을 쓰기까지의 과정을 설명하려다 보니 어쩔 수 없이 역사 수업처럼 되어 버렸네요.

오늘은 지난 시간에 이어서 기하학의 성장기를 알아보도록 하겠어요. 그럼 지난 수업을 잠깐 복습해 볼까요? 내가 설명하려 했던 것은 기하학이 무엇인지에 대해서였어요. 그럼 다시 자기소개로 가 볼까요? 여러분은 자기소개를 할 때 어떻게 하죠?

"저의 이름은 ○○○입니다. 저는 ○○○○년도에 태어났고, 나이는 ○○살입니다……."

여기까지가 지난 시간에 소개한 것이고, 아마도 그다음에는 "저는 ○○에서 태어나 ○○에서 자랐습니다."라고 말할 거예요.

그래요. 오늘은 기하학이 어디에서 태어났으며 어린 시절에는 어떻게 자랐는지 알아보도록 하겠습니다. 그럼 타임머신을 타고 5000년 전의 이집트로 가 볼까요? 왜 이집트냐고요? 그야 기하학이라는 학문이 처음 태어난 곳이 이집트라고 할 수 있으니까요. 그럼 출발!

기하학의 탄생지 이집트로

지난 시간에 기하학이 영어로 geometry라고 했죠? 그리고 그 뜻은 '땅을 측량하다.'라고 해석이 된다는 것도 말했어요. 아마도 이 말에 여러분은 많은 궁금증을 가졌을 거예요. 그런데 이 유클리드가 설명을 하지 않았습니다. 그 이유는 바로 오늘 수업의 내용이기 때문이지요.

의문을 해결하기 위해서는 이집트가 어떤 곳인지 알아야 합니다. 먼저 이집트는 아프리카 북쪽에 있는 나라입니다. 아프리카 하면 여러분은 무엇이 떠오르나요? 덥고, 건조한 날씨와 사막이 떠오른다고요? 맞습니다. 하지만 이집트에는 고대 문명을 이룰 수 있었던 또 하나의 중요한 자연환경이 있답니다. 그것은 다름 아닌 나일강이지요. 나일강은 이집트를 남북으로 가로질러 흐르는 커다란 강입니다. 일 년 내내 비가 거의 오지 않는 이집트에서 사람은 물을 쉽게 얻고, 농사를 짓기 위해 나일강 주변에 마을을 이루고 살았습니다. 그런데 나일강은 이집트인에게 축복이자 재앙이었습니다. 물이 귀한 아프리카에서 강이 왜 재앙인지 궁금하지요? 나일강은 해마다 일정한 시기가 되면 범람❷하여 홍수를 일으켰답

> **메모장**
> ❷ 범람 강이 홍수 등으로 인해 둑을 넘어서 물이 넘쳐 흐르는 것

유클리드의 두 번째 수업 47

니다. 한번 범람하면, 모든 논에 물이 넘쳐서 땅의 구분이 없어졌답니다. 이런 범람은 농민을 힘들게 했지만 나일강 상류의 비옥한 토양이 하류로 흘러와 기름진 농토로 만들어 주었지요. 그래서 나일강의 범람은 축복이자 재앙인 것이지요.

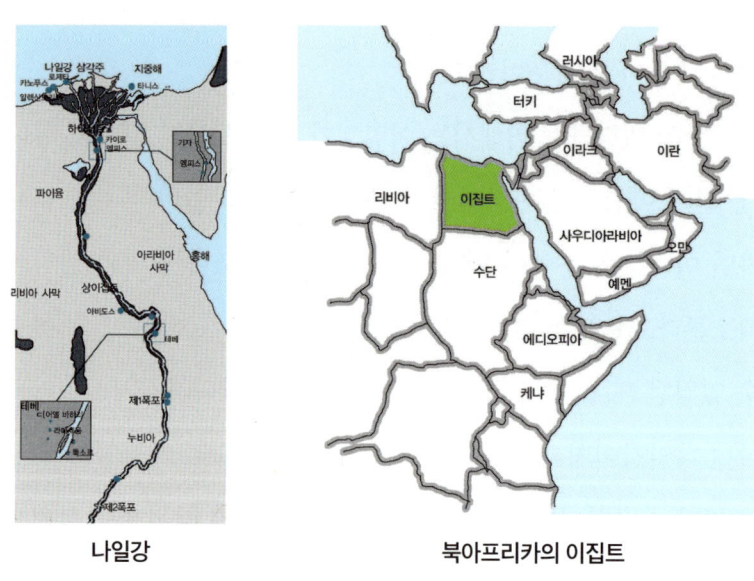

나일강   북아프리카의 이집트

그럼 이제 본격적으로 왜 기하학의 고향이 이집트인지 알아볼까요? 앞에서 이야기했듯이 나일강의 범람으로 인해 농토의 경계가 사라져서 농민이 겪는 어려움은 한두 가지가 아니었습니다. 어디서부터 어디까지가 누구의 땅인지 전혀 알아볼 수가

없어 다툼이 일어나기도 했답니다. 하지만 매번 범람이 있을 때마다 싸울 순 없겠지요. 그래서 그들은 범람이 일어날 것을 대비하여 자신의 땅 넓이와 경계를 분명히 알아 둘 필요가 있었답니다. 몇천 년 동안 계속되는 범람 때문에 땅 넓이를 정확히 계산하고 자신의 땅이 어디인지 측량할 수 있는 기술이 이집트에서 발달하게 된 것이지요.

이제 기하학이 왜 'geometry 땅을 측량하다'인지 이해가 되나요? 바로 이집트인의 땅 측량에서부터 기하학은 발전하게 되었기 때문입니다. 그뿐만 아니라 이집트에서는 강의 범람을 막고, 안전하게 물을 확보하기 위해 둑을 쌓고 운하를 파는 공사를 하면서 측량술 또한 발전하게 되었답니다.

이집트 건축물 속의 수학을 찾아서

이집트인은 측량술뿐만 아니라 건축에도 기하학을 잘 이용했어요. 이집트의 유명한 피라미드를 알고 있나요? 피라미드 속에는 여러 가지 수학적 원리가 숨어 있답니다. 이 기회에 피라미드를 탐구하러 가 볼까요?

　이집트의 피라미드는 세계 제7대 불가사의라고 불릴 만큼 웅장하고 큰 규모를 자랑하고 있답니다. 그중 이집트 기자에 있는 쿠푸왕의 피라미드는 카이로 남서쪽 15km에 위치하며, 대피라미드 또는 제1피라미드라고 불립니다.

　쿠푸왕의 피라미드는 높이 146m이고 옆면의 경사도는 51° 정도예요. 옆면의 각 모서리는 동서남북을 가리키고 있고, 평균 2.5t의 돌을 230만 개나 쌓아 올렸다고 해요. 그 시대 사람의 힘으로 피라미드를 짓기 위해서는 장정 10만 명이 3개월씩 돌아가며 일해도 20년 이상이 걸린다고 해요. 어때요? 세계 7대 불가사의로 불릴 만하죠?

하지만 규모만으로는 불가사의라고 하기에 뭔가 부족하다고요? 그렇다면 이제 진짜 피라미드의 비밀 속으로 들어가 볼까요?

다음 그림에서 보면 피라미드의 밑면을 이루고 있는 정사각형의 둘레와 피라미드의 높이의 비는 지구의 둘레와 지구의 반지름의 비와 같다고 합니다.

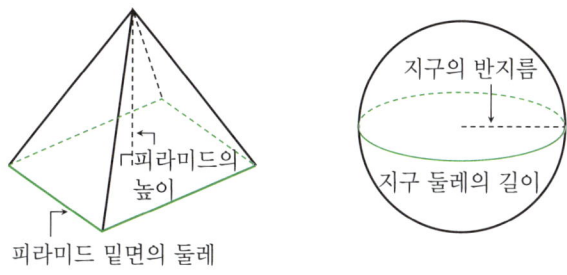

$$\frac{\text{피라미드 밑면의 둘레}}{\text{피라미드의 높이}} = \frac{\text{지구 둘레의 길이}}{\text{지구의 반지름}}$$

 이뿐만이 아니랍니다. 보기에 가장 아름다운 비율을 '황금비'라고 하는데 이 황금비가 피라미드 안에 숨어 있답니다. 다음 그림을 볼까요?

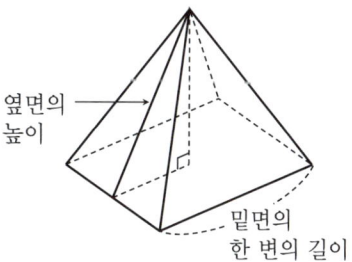

 이 그림에서 옆면을 이루는 삼각형의 높이와 밑면의 한 변 길

이의 반의 비는 우리가 알고 있는 황금비를 이룬다고 합니다.

$$\frac{옆면의 높이}{밑면의 한 변의 길이 \times \frac{1}{2}} \risingdotseq 1.618_{황금비}$$

이와 같은 수학적 원리 때문에 세계 7대 불가사의가 된 것은 아니지만 이런 수학적 의미 때문에 피라미드가 더욱 신비로운 것은 사실이랍니다.

이집트인이 이와 같은 황금비와 수학적 사실을 알고 피라미드를 짓지는 않았을 것입니다. 하지만 이집트인이 가장 아름다운 피라미드를 쌓다 보니 황금비가 숨어 있는 건축물을 만들게 된 것이라고 볼 수 있지요. 당시 이집트인은 학문적으로 체계를 갖고 있지 않았지만 생활 속 필요에 의해 기하학을 발전시켜 온 것이랍니다.

오늘은 이집트의 기하학에 대해서 알아보았습니다. 이제 왜 기하학의 고향이 이집트이며 영어로 geometry인지 알 수 있겠지요?

당시 기하학은 학문이라기보다 생활에 가까웠습니다. 고대 이집트인들은 생활 속에서 꼭 필요한 부분만을 발전시켰기 때문에 체계를 갖춘 학문은 아니었지요. 따라서 모든 기하학적 지식이 단편적으로 존재했지요. 그럼 기하학은 어떻게 발전하게 되었냐고요? 그것까지 설명하자면 이번 시간은 너무 길어질 테니 그 이야기는 다음 시간에 하도록 하지요.

 이제 여러분은 누군가 '기하학이 무엇이냐?'라고 물으면 훌륭히 설명할 수 있을 겁니다. 모든 학문은 기초가 튼튼해야 하듯이 기하학도 마찬가지랍니다. 기하학의 탄생부터 차근차근 알아 두어야겠지요. 그럼 오늘 수업은 여기서 마치기로 하고 다음 시간에 다시 만나요. 안녕!

수업 정리

❶ 기하학의 고향은 이집트입니다.

❷ 이집트에서 측량술이 발전할 수 있었던 이유는 나일강의 범람 때문입니다.

❸ geometry기하학의 뜻을 해석하면 '땅을 측량하다.'입니다.

❹ 이집트 피라미드 속에는 여러 신비로운 수학적 비가 숨어 있지요.

3교시

기하학의 성장기, 그리스

유클리드에게 영향을 미친 탈레스와
피타고라스에 대해 알아봅시다.

수업 목표

1. 고대 그리스인의 사고방식을 이해합니다.
2. 탈레스와 피타고라스를 통해 그리스 수학을 알아봅니다.

미리 알면 좋아요

1. **고대 그리스** 지중해 연안의 한 나라로서 강력한 군사력을 바탕으로 기원전 10세기부터 유럽과 북아프리카의 문화와 경제의 중심이 된 나라입니다. 특히 풍부한 경제력 덕분에 그리스인들은 여가 시간 동안 학문을 닦았으며 이로 인해 철학과 수학 등 여러 학문이 발달하게 됩니다.

2. **탈레스** 기원전 7세기 수학자로서, 그리스 기하학의 선구자라고 할 수 있습니다. 청년기에는 장사를 했으나, 이집트 여행 후 기하학에 심취하여 여러 가지 기하학적 성질을 체계적으로 탐구하고, 기하학을 하나의 학문으로서 정립한 수학자입니다.

3. **피타고라스** 기원전 6세기경의 수학자로서 '세상 만물이 수이다'라고 할 정도로 수의 많은 성질을 탐구한 수학자입니다. 그를 좋아하는 제자들은 피타고라스를 신적인 존재로 생각하고 따랐다고 합니다. 그래서 그의 제자들이 알아낸 수학적 사실도 피타고라스의 이름으로 후대에 전해지게 되었답니다.

유클리드의
세 번째 수업

 또다시 유클리드의 재미있는 기하학 시간이 돌아왔습니다. 공부할 준비가 되었나요? 뭐라고요? 조금도 쉬지 못했다고요? 이런! 음식을 한꺼번에 많이 먹으면 배탈이 나듯이 수학 공부도 한 번에 너무 많이 하면 곧 싫증이 나고 만답니다. 적당한 휴식 시간은 머리를 맑게 하고, 능률을 오르게 하지요. 아무리 나의 기하학 수업이 재미있어도 조금씩 쉬면서 하도록 해요.
 오늘은 지난 시간에 이어 《기하학 원론》이 만들어지기까지

어떤 과정을 거쳤는지 알아보도록 할게요.

이집트에서 그리스로

지난 시간에 기하학의 탄생과 어린 시절을 알아봤어요. 기하학이 탄생했지만 처음에는 실생활에 필요한 부분만 단편적으로 발달했다는 이야기를 했습니다. 그러한 기하학을 학문으로서 체계적으로 발전시킨 사람은 그리스인이랍니다.

그리스는 지중해를 사이에 두고 이집트와 마주 보고 있지요. 고대 그리스와 이집트는 문화적으로 많은 영향을 주고받았습니다. 물론 그리스보다는 이집트 문명이 먼저 발전했지요. 그래서 이집트의 실용적 기하학 지식이 그리스로 넘어오게 됩니다. 그런데 그리스인은 이집트인과는 생각하는 방법이 많이 달랐어요. 이집트인은 예로부터 의심 없이 받아들였던 사실도 그리스인들은 왜 그래야 하는지 따지기를 좋아했지요.

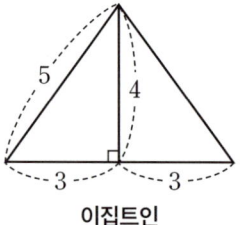
이집트인

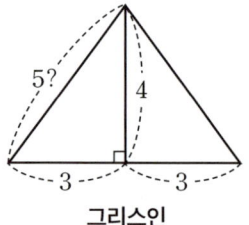
그리스인

　그리스인은 해상 무역과 강력한 군사력을 바탕으로 많은 나라와 무역을 해서 부유한 국가가 되었지요. 그래서 그리스인은 일하는 것보다는 세상의 이치와 자연 현상에 대해서 생각하기를 좋아했답니다. 고민하고 생각하는 것이 자신의 영혼을 갈고 닦는 것이라고 여겼지요. 그래서 그리스 시대에 많은 철학자와 수학자들이 등장하게 되는 거랍니다.

어쨌든 그러한 그리스인 덕분에 실용적이고 단편적이었던 지식이 학문으로서 모양을 갖춘 '기하학'으로 발전하게 되는 것이랍니다.

"유클리드 선생님! 생활 속에서 사용되는 기하학만 알면 되지 않을까요?"

그렇지 않답니다. 그렇다면 지금처럼 세상이 발전할 수 없었겠지요. 머리도 식힐 겸 한 가지 퀴즈를 내지요. 다음 □ 안에 들어갈 말은 무엇일까요?

쏙쏙 문제 풀기

모든 학문의 어머니는 과학이다.
과학의 어머니는 □□□□□이다.

바로 여러분이 공부하고 있는 수학이랍니다. 모든 학문은 과학의 발전 없이는 이루어질 수 없기 때문에 모든 학문의 어머니를 과학이라고 합니다. 하지만 과학은 수학 없이는 발전할 수 없기 때문에 과학의 어머니를 수학이라고 하지요. 이처럼 수학은 모든 학문의 기초가 되는 학문이랍니다. 그런데 수학은 크게 나누어 수대수와 도형기하이라고 말할 수 있지요. 그러니 기하학이 얼마나 중요한 학문인지 알 수 있겠지요?

고대 그리스에는 철학, 과학, 수학이 구분되어 있지 않았답니

다. 그래서 대부분의 학자가 철학자이며 수학자이고, 과학자이며 수학자이기도 한 시대랍니다. 물론 나도 마찬가지예요. 대표적인 직업은 수학자이지만, 또 다른 직업으로는 철학자이기도 하지요.

실험적 기하학에서 연역적 기하학으로의 발전

고대 이집트인이 생활 속에서 많은 경험과 실험을 통해 기하학을 발전시켰다면 그리스인은 따지기 좋아하는 성향 때문에 하나의 사실로부터 또 다른 사실을 만들어 냈답니다. 이처럼 경험과 여러 번의 시행착오를 거쳐 발전한 기하학을 실험적 기하학이라고 부르는 반면, 그리스인의 생각처럼 '왜 그렇게 되는지'를 탐구하고 증명하면서 발전시킨 기하학을 연역적 기하학이라고 부른답니다.

그리스인은 학문을 갈고 닦는 것을 영혼을 갈고 닦는 것으로 생각했다는 것을 앞에서 말해 알고 있지요? 수학은 이처럼 많은 생각을 하고 탐구해야 하는 학문이기 때문에 영혼을 갈고 닦기에 안성맞춤인 학문이었답니다. 따라서 그리스인은 수학을 매우 좋아했지요. 그래서 고대 그리스 시대에는 유명한 수학자가 많이 나타나게 된답니다. 사실 그 사람이 없었다면 이 유클리드도 없었을 겁니다.

"그럼 다른 그리스 수학자들이 선생님보다 더 수학을 잘하시나요?"

으흠, 물론 내 입으로 말하기 쑥스럽지만 난 그분들이 해 온 여러 업적을 정리한 것뿐이지요. 그렇다고 나를 과소평가해서는 안 돼요! 이 유클리드가 《기하학 원론》을 쓰기까지는 체계적인 수학책이라곤 없었으니 이 유클리드 선생님도 수학의 발전에 지대한 공헌을 한 셈입니다.

수학이 학문의 위치에 올라서다

그럼 지금부터는 그리스 시대의 유명한 수학자를 한 명씩 소개하도록 하지요. 가장 먼저 수학을 발전시킨 사람은 탈레스입니다. 탈레스는 기원전 640년경에 태어났습니다. 지금으로부터 약 2600년 전에 태어난 사람이지요. 아마도 인류 역사상 최초의 수학자는 탈레스라고 말해도 될 정도로 수학이라는 학문을 최초로 체계화하였답니다.

그리스와 이집트는 지리적으로 가까울 뿐만 아니라 문화적으로도 많은 교류가 있었습니다. 상인이었던 탈레스도 무역을 하기 위해 이집트에 자주 갔답니다.

여기서 인류 문명의 커다란 첫걸음이 시작되었습니다. 이집트를 여행 중이던 탈레스는 우연찮게 파피루스❸에 적힌 수학과 천문학에 관한 글을 읽게 된답니다. 글을 읽고 난 탈레스는 아름다운 수학에 반해 그 뒤 위대한 수학자가 될 수 있었답니다.

> **메모장**
> ❸ **파피루스** 이집트에서는 종이가 만들어지기 전 그 지방에서 많이 자라는 파피루스라는 갈대를 말려 종이 대용으로 사용하였다.

"에이! 유클리드 선생님, 어떻게 수학이 아름다워서 사람을 매료시킬 수 있단 말이에요?"

수학이 점수를 따거나 좋은 대학을 가기 위해 공부하는 학문이 아니었다면 아마 여러분도 수학이 아름답다는 것에 동의할 수 있을 거예요. 적어도 이 유클리드와 공부할 때만이라도 시험이나 입시는 잊도록 하세요. 그래야 수학의 아름다움을 볼 수 있답니다. 아무튼 탈레스는 많은 일화를 남겼답니다.

지팡이 하나로 피라미드의 높이를 구하다

수학에 심취해 있던 탈레스는 수학에 대해 더 많이 알고 싶었습니다. 그는 바빌로니아와 이집트 등 많은 나라를 돌아다니며 수학을 접하게 되었답니다.

　탈레스는 이집트 여행 중에 피라미드를 건축하는 현장을 찾았습니다. 피라미드를 물끄러미 바라보던 탈레스는 그 당시 어려운 문제 중의 하나인 피라미드의 높이를 재는 방법을 알아내게 된답니다.

그렇다면 탈레스는 피라미드의 높이를 어떻게 쟀을까요?

앞의 그림에서 한낮에 생긴 피라미드의 그림자와 탈레스가 들고 있던 지팡이의 그림자는 서로 비례합니다. 탈레스는 바로 이 점에서 문제 해결의 실마리를 찾았답니다. 즉, 피라미드의 높이와 그림자 길이의 비는 지팡이의 길이와 그림자 길이의 비와 같다는 것을 알아낸 것이지요. 따라서 다음과 같은 식이 만들어집니다.

피라미드의 높이 : 피라미드의 그림자
=지팡이의 길이 : 지팡이의 그림자

$$\text{피라미드의 높이} = \frac{\text{피라미드의 그림자} \times \text{지팡이의 길이}}{\text{지팡이의 그림자}}$$

피라미드의 그림자와 지팡이의 길이, 그림자의 길이는 땅에서 쉽게 잴 수 있으므로, 피라미드의 높이를 잴 수 있었답니다. 어때요? 알고 보면 간단하죠? 하지만 그 당시에는 어려운 문제였답니다. 그래서 아마시스왕도 이 방법을 알아낸 탈레스에게 칭찬을 아끼지 않았다고 합니다. 이렇듯 탈레스는 수학을 실생활의 경험으로 터득한 것이 아니라 논리적 추론에 의해 접근하여 체계적으로 정리한 위대한 수학자랍니다.

탈레스에 대해 설명하느라 많은 시간이 지나 버렸네요. 탈레스는 노년기에 중요한 한 인물을 만나게 됩니다. 그 사람이 바로 피타고라스지요. 그렇다고 피타고라스가 탈레스의 제자라고 말할 수는 없습니다. 탈레스가 피타고라스를 만났을 때는 탈레스의 나이가 많아서 학문을 전수해 줄 만큼 건강하지 않았으니까요.

수학을 학문의 정점에 올려놓은 수학자 피타고라스

피타고라스가 탈레스를 만났다는 기록은 어디에도 남아 있지 않습니다. 하지만 문자로 된 것만이 기록은 아니라는 것을 암각화가 보여 주듯이 한 장의 그림에 묘사되어 있답니다. 피타고라스는 기원전 550년경 사모스섬에서 태어났답니다. 피타고라스는 철학적, 수학적으로 많은 업적을 남겼지만 이 시간에는 피타고라스가 기하학에 공헌한 부분만 배우도록 하지요. 여러분은 피타고라스 하면 무엇이 떠오르나요? 많은 친구가 '피타고라스의 정리'라고 말할 겁니다. 교과서에 피타고라스의 정리가 나오니까요. 피타고라스의 정리는 직각삼각형에서 변의 길이에 관한 정리입니다. 피타고라스의 정리라고 해서 피타고라스가 만든 것은 아니에요. 고대 이집트인들부터 바빌로니아인들까지 이 피타고라스의 정리를 알고 실제 생활 속에서 많이 사용하고 있었기 때문입니다. 하지만 이 직각삼각형의 변에 관한 정리를 체계적으로 정리하여 증명한 사람이 바로 피타고라스랍니다. 그럼 피타고라스의 정리에 대해 알아보도록 해요. 아래 그림을 볼까요?

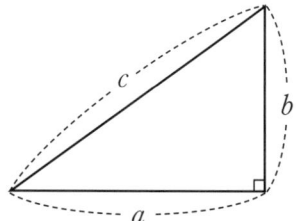

'직각삼각형에서 짧은 두 변의 길이의 제곱의 합은 가장 긴

변의 길이의 제곱과 같다.'가 바로 피타고라스의 정리랍니다. 직각삼각형의 세 변의 길이는 다음과 같은 식을 만족합니다.

$$a^2+b^2=c^2$$

왜냐고요? 이제 여러분도 그리스인처럼 생각하기 시작하는군요. 그럼 아래 그림을 볼까요?

오른쪽 그림에서 전체 정사각형의 한 변의 길이는 $a+b$입니다. 따라서 넓이는 $(a+b)^2$이 됩니다.

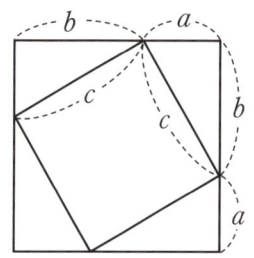

이번에는 부분의 넓이를 각각 구해 보면, 가운데 정사각형의 넓이는 c^2, 네 개의 직각삼각형의 넓이는 $\dfrac{a \times b}{2}$가 되고, 전체 넓이는 $c^2+4 \times \dfrac{a \times b}{2}=c^2+2 \times a \times b$가 됩니다. 따라서 다음이 성립하게 됩니다.

$$(a+b)^2=c^2+2 \times a \times b$$
$$a^2+2 \times a \times b+b^2=c^2+2 \times a \times b$$
$$a^2+b^2=c^2$$

이외에도 피타고라스의 정리를 설명하는 방법에는 여러 가지가 있습니다.

피타고라스는 많은 제자를 두었답니다. 그래서 피타고라스와 그 제자들을 '피타고라스학파'라고 불렀지요. 당시에는 종교가 없던 시절이지만 피타고라스 종교라고 말할 수 있을 정도로 많은 사람이 그를 따르고 가르침을 받았다고 합니다. 특히 피타고라스학파는 수에 많은 관심을 가지고 탐구하였답니다. 그 중 수와 도형을 어떻게 연결 지어 생각했는지 잘 보여 주는 도형수에 대해 잠깐 설명하도록 할게요.

점을 사용하여 일정한 도형을 만들기 위해 필요한 점의 수를 도형수라고 합니다. 그럼 삼각수부터 알아볼까요? 삼각수는 점을 이용하여 정삼각형을 만들 때 사용된 점의 수를 말합니다.

첫 번째 삼각수	두 번째 삼각수	세 번째 삼각수	네 번째 삼각수	다섯 번째 삼각수
1	3	6	10	15

삼각수는 1, 3, 6, 10, 15, 21, 28, 36, ……와 같이 규칙적으로 나타나는데요, n번째 삼각수는 다음과 같다고 합니다.

$$(n번째\ 삼각수) = \frac{n \times (n+1)}{2}$$

그럼 열 번째 삼각수는 얼마일까요?

$$\frac{10 \times (10+1)}{2} = 55$$이지요.

그럼 사각수는 어떻게 될까요?

첫 번째 사각수	두 번째 사각수	세 번째 사각수	네 번째 사각수	다섯 번째 사각수
●	●●●●	●●●●●●●●●	●●●●●●●●●●●●●●●●	●●●●●●●●●●●●●●●●●●●●●●●●●
1	4	9	16	25

자, 어떻습니까? 규칙을 발견했나요?

n번째 사각수를 식으로 표현하면 다음과 같습니다.

(n번째 사각수)$=n \times n$

그럼 열 번째 사각수는 100이 되지요. 이처럼 피타고라스는 도형과 수를 연관 지어 생각했답니다.

이번 시간에는 그리스의 위대한 수학자인 탈레스와 피타고라스에 대해 알아보았습니다. 왜 내 이야기는 나오지 않냐고요? 앞에서도 말했듯이 고대 그리스 시대에는 위대한 수학자들이 많답니다. 그래서 여러분이 이 수학자들에 대해서 알고 있어야 나에 대해서도 설명할 수 있을 것 같아요.

다음 시간에는 왜 고대 그리스 시대에 수학이 학문으로 발전하게 되었는지, 위대한 수학자들은 어떻게 수학을 잘하게 되었는지를 알아보도록 할게요. 수업을 시작할 때도 말했듯이 한 번에 많은 공부를 하려고 하면 체한답니다. 조금 쉬고 다음 시간에 다시 만나요!

수업 정리

❶ 이집트의 기하학을 실험적 기하학이라고 한다면, 그리스 기하학은 연역적 기하학이라고 할 수 있습니다.

❷ 그리스 기하학의 아버지는 탈레스입니다. 탈레스는 지팡이 하나로 피라미드의 높이를 구했습니다.

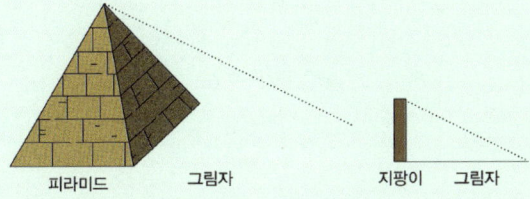

피라미드의 높이 : 피라미드의 그림자
　　　　　　　　＝지팡이의 길이 : 지팡이의 그림자

피라미드의 높이＝$\dfrac{\text{피라미드의 그림자} \times \text{지팡이의 길이}}{\text{지팡이의 그림자}}$

❸ 수학을 학문의 정점에 올려놓은 수학자는 피타고라스입니다. 피타고라스는 '피타고라스의 정리'로 유명하답니다.

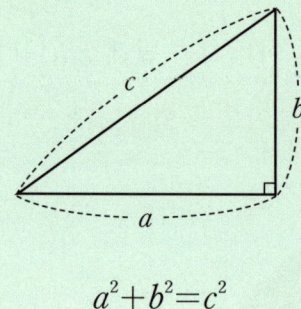

$$a^2+b^2=c^2$$

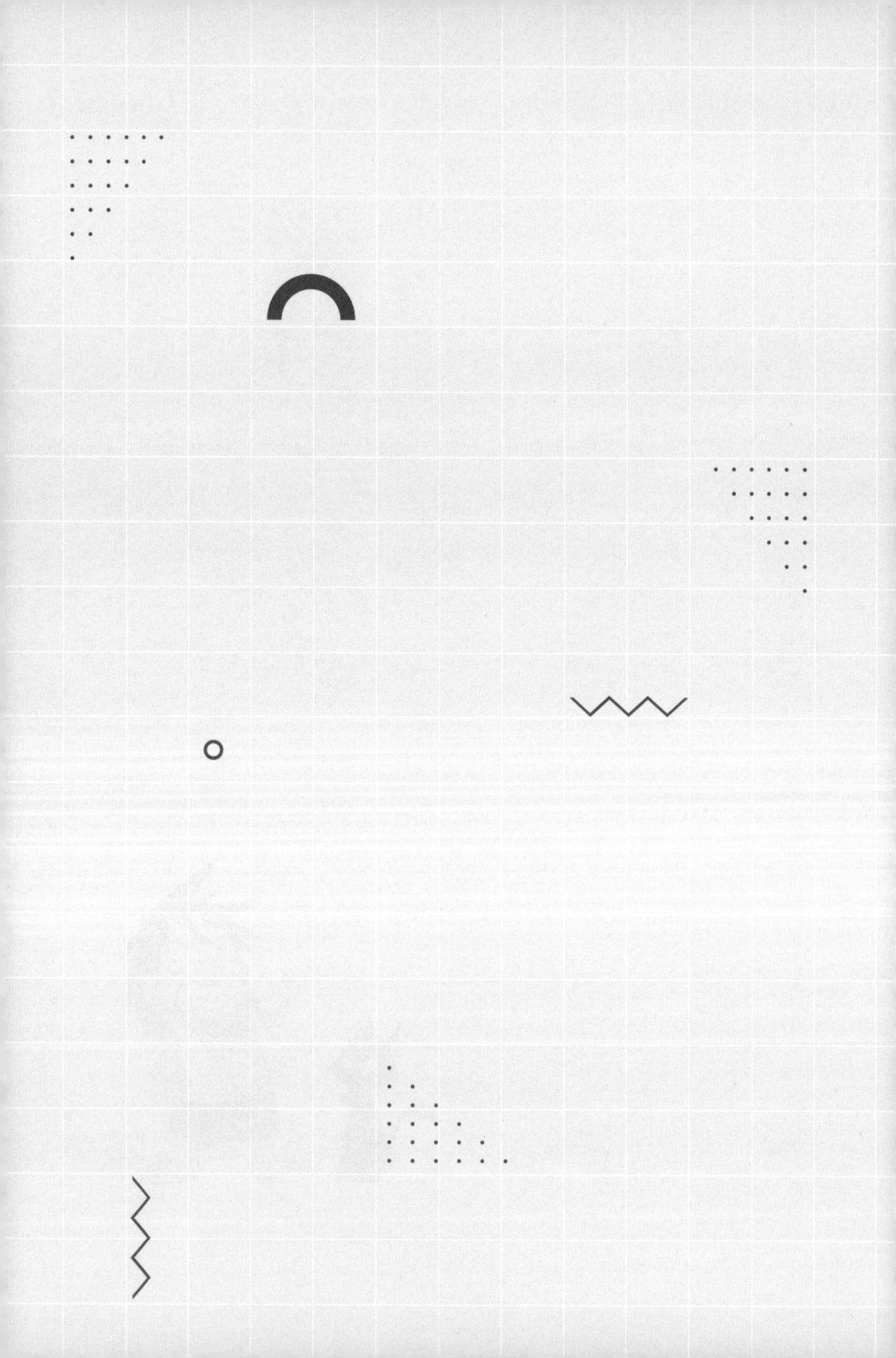

4교시

유추와 추론에 의한 학문의 발전

유추와 귀납적 추론, 연역적 추론에 대해 알아봅시다.

수업 목표

1. 유추란 무엇인지 알아봅니다.
2. 추론이란 무엇인지 알아봅니다.

미리 알면 좋아요

증명 어떠한 명제가 참인지 거짓인지를 밝혀내는 일련의 과정입니다. 증명은 우리의 생활 속에서도 많이 사용되고 있답니다. 만약 친구가 "이것이 사실인지 증명해 봐."라고 한다면 여러분은 어떻게 하나요? 친구가 나의 말을 믿을 수 있게끔 설명하겠지요? 이와 같이 나의 말이 참인지 거짓인지 밝히는 방법이 증명입니다.

유클리드의
네 번째 수업

 자! 이제 네 번째 수업을 시작해 볼까요? 모두 지난 시간까지 배운 것을 잘 기억하고 있겠죠?

 오늘은 지난 시간에 말한 것처럼 고대 그리스 시대에 철학과 수학이 왜 발달하게 되었는지 알아볼 거예요. 세 번째 수업까지는 역사와 많은 관련이 있었다면, 이번 시간부터는 본격적인 수학 수업이니 정신 차리고 수업을 따라와야 합니다. 그럼 논리의 세계인 고대 그리스 시대로 가 볼까요?

일상생활 속에서 사용되는 유추란 무엇인가?

기하학의 고향이 이집트이면서도 이집트에서 발전하지 못하고 그리스인에 의해 발전한 이유를 이제 잘 알고 있을 겁니다. 이집트인들은 오랜 세월 경험을 통해 얻은 사실을 항상 그러려니 하고 의심 없이 받아들였습니다.

그럼 유추란 무엇인지 예를 들어 볼까요?

유추는 이와 같이 둘 또는 그 이상의 사물이 공통적인 성질을 가지고 있는 경우, 그와 유사한 사물도 그런 성질을 가지고 있으리라고 추리하는 것입니다. 이와 같은 유추는 생활 속에서 많이 쓰이지요.

증명을 할 수 있는 힘 : 추론

유추는 경험적이며 단편적인 반면, 추론은 논리적이고 체계적인 틀을 갖추고 있는 사고방식이랍니다. 추론은 하나의 사실로부터 결론을 이끌어 내는 사고 과정으로 귀납적 추론과 연역적 추론이 있지요.

그럼 귀납적 추론부터 알아볼까요? 귀납적 추론은 여러 사실로부터 결론을 이끌어 내는 것이랍니다. 예를 들어 볼까요?

사실 ❶ 주현이는 축구를 좋아한다.
사실 ❷ 병찬이는 축구를 좋아한다.
사실 ❸ 정현이는 축구를 좋아한다.
사실 ❹ 승범이는 축구를 좋아한다.
⋮

주현, 병찬, 정현 그리고 승범이는 모두 유클리드 학교 학생이다.
결론 그러므로 유클리드 학교 학생들은 축구를 좋아한다.

어때요? 귀납 추론이라고 하니까 말이 어려워 겁을 먹었지만 실은 간단하지요? 이와 같은 방법은 과학 현상을 설명할 때 많이 쓰인답니다.

우리 생활 속에서 이러한 귀납 추론은 언제 쓰일까요? 대표적인 예가 일기 예보랍니다. 일기 예보는 지난 30년간의 날씨를 분석하여 오늘의 날씨와 같은 경우 그다음 날인 내일의 날씨를 추론하는 것이지요.

그럼 이제는 연역적 추론에 대해 알아볼게요. 연역적 추론은 이미 진실이라고 밝혀진 하나의 사실로부터 반드시 진실이 될 수밖에 없는 결론을 이끌어 내는 방법이랍니다. 축구를 예로 들어 연역적 추론을 알아볼까요?

> 유클리드 학교의 학생들은 축구를 좋아한다.
> ➡ 이미 진실이라고 밝혀진 하나의 사실
> 주현이는 유클리드 학교의 학생이다. ➡ 사실
> 주현이는 축구를 좋아한다. ➡ 결론

어때요? 다른 점을 알겠나요? 연역적 추론에서 가장 중요한 것은 바로 출발점이랍니다. 누구도 의심할 수 없는 사실로부터 출발해야 올바른 결론을 이끌어 낼 수 있답니다. 이처럼 증명을 할 수 있는 방법은 크게 유추와 귀납적 추론 그리고 연역적 추론이 있답니다.

"유클리드 선생님, 귀납적 추론의 대표적인 예가 일기 예보라고 설명했는데요. 일기 예보는 종종 틀리는 경우가 있던데요?"

역시 나와 함께 공부하니 점점 똑똑해지는군요! 아주 좋은 질문이에요. 유추가 단편적인 경험에 의존한다면, 귀납적 추론은 반복되는 여러 사실에 의존합니다. 예를 들어 이 유클리드 선생님이 지금까지 푼 모든 수학 문제의 답을 알아냈다고 생각해 봅시다. 그렇다고 해서 앞으로도 계속해서 틀리지 않는다는 보장은 할 수 없는 거지요. 그래서 불완전한 증명이 되고 만답니다. 그래서 일기 예보도 30년간의 기록을 바탕으로 날씨를 예측하지만 틀리는 경우가 종종 생기는 거랍니다.

따라서 연역적 추론은 경험이나 유추, 귀납적 추론보다 훨씬 강력한 방법이 된답니다. 하지만 이미 이야기했듯이 연역적 추론은 진실로 받아들여지는 하나의 사실을 알아내는 데 많은 시간이 걸리지요. 그래서 모든 자연 현상과 과학, 수학을 연역적 추론으로 하면 의심 없이 받아들이지만 실제로 그렇게 하지는 못한답니다. 처음 전제 조건이 되는 진실을 알아내기 곤란한 경우가 있기 때문이지요. 그래서 아직도 많은 수학적, 과학적 사실들은 귀납적 추론의 방법으로 증명할 수밖에 없답니다.

수학에서의 연역적 추론은 이렇게 하자!

그럼 이제 이런 연역적 추론 방법이 수학에서는 어떻게 쓰이는지 알아볼까요? 여러분이 잘 알고 있는 삼각형 내각의 합이 180°임을 증명해 보도록 할게요.

삼각형 ABC가 있습니다. 이 삼각형에 변 BC와 평행한 직선 PQ를 긋습니다.

그러면,

∠ABC=∠PAB 엇각

∠ACB=∠QAC 엇각

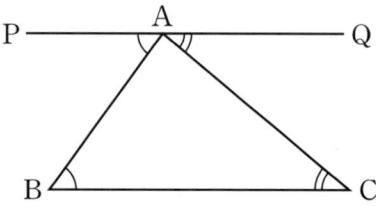

따라서,

∠ABC+∠ACB+∠BAC

=∠PAB+∠QAC+∠BAC

=180° 평각

이 되지요. 그럼 엇각의 크기는 왜 같냐고요? 좋은 질문이네요! 엇각이 같다는 것도 증명해야 합니다. 이렇게 하나씩 증명하다 보니 더 이상 증명할 수 없는 곳에 도착하게 된답니다. 그래서 '공리'와 '공준'이 나오게 되는 것입니다. 공리는 '너무나 당연해서 별다른 증명 없이도 누구나 옳다고 생각하는 것'을 말합니다. 공준은 공리처럼 수학에서 '증명하지 않아도 누구나 옳다고 생각하는 수학적 성질'을 말합니다.

"그럼 공리와 공준에는 어떤 것이 있나요?"

바로 그것이 우리가 다음 시간에 공부할 내용입니다. 이제는 여러분이 나를 수업으로 끌어들이는 것 같아 선생님의 기분이 흐뭇하군요.

  자, 그럼 오늘 수업은 여기까지 하고 잠깐 쉰 뒤 네 번째 수업을 시작하도록 하겠습니다. 쉬는 시간 동안 이번 시간에 배운 내용을 한번 정리하면 더욱 좋겠지요? 그럼 다음 시간에 공리와 공준을 가지고 다시 만나요.

수업 정리

❶ 사실을 증명하는 방법에는 유추와 귀납적 추론, 연역적 추론이 있습니다.

❷ 유추는 단편적인 경험을 바탕으로 결론을 이끌어 내는 것입니다.

❸ 귀납적 추론은 유추보다 많은 사실을 토대로 결론을 이끌어 내는 것입니다.

❹ 연역적 추론은 누구나 진실이라고 인정하는 사실로부터 필연적으로 결론을 이끌어 내는 것입니다.

❺ 수학에서 가장 강력한 증명 방법은 연역적 추론입니다.

5교시

《기하학 원론》의 시작은 5공리와 5공준으로부터

연역적 추론의 뒷받침이 되는
공리와 공준에 대해 알아봅시다.

수업 목표

1. 유클리드의 5공리가 무엇인지 알아봅니다.
2. 유클리드의 5공준이 무엇인지 알아봅니다.

미리 알면 좋아요

공리와 공준은 유클리드가 처음 만든 것이 아니라 그리스 시대에 학문을 탐구하는 데 가장 기초가 되는 참인 사실을 말하는 것입니다. 공리와 공준은 그냥 읽어 보기만 하여도 '이것은 당연한 이야기잖아!'라는 생각이 든답니다. 이와 같이 당연한 사실, 누구나 별다른 증명 없이 '사실이다'라고 생각할 수 있는 것이 공리와 공준이랍니다.

유클리드의 다섯 번째 수업

안녕하세요? 여러분! 이제 다섯 번째 수업을 시작하겠습니다. 지난 시간에 배운 생각하는 힘인 추론이 여러분의 수학 공부에 도움이 됐으면 좋겠어요.

지금까지는 《기하학 원론》을 쓰기까지의 시대적 배경과 나에게 많은 영향을 준 수학자들에 대해 공부했습니다. 이전 수업은 역사나 철학 수업과 같았다면 오늘부터는 기하학의 기초가 되는 원론에 대해서 공부를 시작할 거예요. 기대가 된다고요? 그럼 본격적으로 원론을 공부해 볼까요?

실질적 공리학의 시작

앞에서 이야기했듯이 전에는 직관적이고 경험적인 사고로 학문을 하다가 내가 살던 시대에는 생각하는 힘, 즉 논리적이고 연역적인 추론의 학문이 처음 시작되었답니다. 그리하여 수학에 있어서도 체계적인 논리가 필요하게 되었어요. 앞에서 연역적 추론 방법으로 사실을 증명하는 방법이 가장 강력한 방법이라고 했지요. 내가 쓴 《기하학 원론》의 모든 내용은 연역적 방법으로 정리되었답니다.

그런데 연역적 추론을 하기 위해서는 기본이 되고 누구나 옳다고 인정하는 사실이 있어야 합니다. 그것이 바로 '공리'와 '공준'이지요.

이제 공리와 공준에 대해서 알아볼까요? 어려운 말이 나오니 여러분은 벌써 시무룩한 표정을 짓네요. 걱정하지 마세요. 전에도 말했듯이 알고 나면 쉬운 것이 수학이랍니다. 공리와 공준은 여러분 모두 이미 알고 있는 내용인데 이름만 '공리', '공준'이라고 붙인 것이랍니다.

유클리드의 5공리와 5공준은 무엇일까요?

공리란 너무나 당연해서 별다른 증명 없이 옳다고 인정되는 사실을 말합니다. 내 책에는 기하학을 이해하기 위해 다섯 가지 공리가 나오는데 하나씩 알아볼게요.

이해하기

유클리드의 5공리

① 동일한 것의 같은 것은 서로 같다. 같은 것과 같은 두 개의 것은 서로 같다. A=B, A=C이면 B=C이다

② 서로 같은 것에 같은 것을 각각 더하면, 그 결과는 같다. A=B이면, A+C=B+C이다

③ 서로 같은 것에서 같은 것을 각각 빼면, 그 결과는 같다. A=B이면, A−C=B−C이다

④ 서로 일치하는 것은 서로 같다.

⑤ 전체는 부분보다 더 크다.

너무나 당연한 이야기를 한다고요? 맞습니다. 너무나 당연한 이야기를 공리라고 한답니다. 이런 당연한 이야기가 있어야 연역적 추론을 할 때, 처음 시작이 될 수 있다는 것은 지난 시간에 배워서 알고 있을 겁니다.

그럼 이제 공준에 대해서 알아볼까요? 공준이란 공리와 마찬가지로 너무나도 당연한 이야기라서 증명이 필요 없이 옳다고 받아들여지는 수학적 공리라고 할 수 있어요.

《기하학 원론》에는 다섯 가지 공준이 나오는데 하나씩 알아보도록 할게요.

유클리드의 5공준

① 임의의 한 점에서 임의의 다른 한 점으로 직선을 그을 수 있다.
② 유한한 선분이 있다면, 그것은 얼마든지 길게 늘일 수 있다.
③ 임의의 한 점을 중심으로 하고, 임의의 길이를 반지름으로 하는 원을 그릴 수 있다.
④ 직각은 모두 같다.
⑤ 하나의 직선이 두 직선과 만나서 같은 쪽에 생긴 각을 더한 값이 2직각보다 작은 경우, 두 직선을 한없이 연장하면 2직각보다 작은 각이 만들어진 쪽에서 만난다.

공리는 쉽게 이해가 되었지만 공준은 그렇게 쉽지만은 않다고요? 역시 기하학은 그림이 필요한 것 같아요. 여러분이 알기 쉽게 그림을 그려 가며 설명할게요.

공준 ❶ 임의의 한 점에서 임의의 다른 한 점으로 직선을 그을 수 있다.

위 말은 위치가 다른 두 점이 있을 경우 단 하나의 직선을 그을 수 있다는 이야기입니다. 만약 점이 하나만 있을 경우는 어떨까요? 그때는 한 점을 지나는 직선은 하나의 직선이 아니라 여러 개의 직선을 그을 수 있겠지요. 그러니까 **공준 ❶**은 직선이 결정되는 조건을 나타내기도 합니다.

공준 ❷ 유한한 선분이 있다면, 그것은 얼마든지 길게 늘일 수 있다.

유한한 선분이란 그 양 끝을 길게 늘일 수도 있다는 이야기입니다. 이와 같은 선을 '연장선'이라고도 합니다.

공준 ❸ 임의의 한 점을 중심으로 하고, 임의의 길이를 반지름으로 하는 원을 그릴 수 있다.

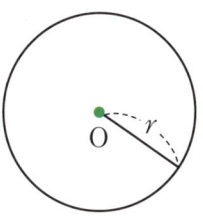

임의의 한 점 O가 있고 임의의 반지름 r이 주어진다면 원을 그릴 수 있다는 이야기입니다. 만약 반대로 생각해서 둘 중 하나, 즉 원의 중심만 주어진다면 그릴 수 있는 원은 무한정입니다. 또한 임의의 한 점이 주어지지 않고 반지름만 주어진다면 마찬가지로 그릴 수 있는 원은 무한정이란 말이 되지요. 그러니 임의의 한 점과 임의의 반지름이 주어진다면 그것을 만족하는 원을 단 하나 그릴 수 있다는 말입니다.

공준 ❹ 직각은 모두 같다.

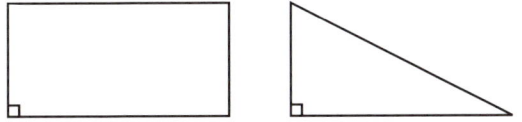

직각은 그 각이 어디에 있든 각의 크기가 같다는 말입니다.

공준 ❺ 하나의 직선이 두 직선과 만나서 같은 쪽에 생긴 각을 더한 값이 2직각보다 작은 경우, 이 두 직선을 한없이 연장하면 2직각보다 작은 각이 만들어진 쪽에서 만난다.

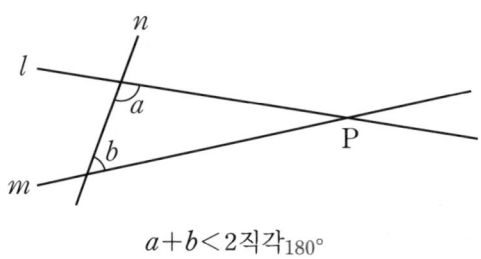

$a+b <$ 2직각$_{180°}$

하나의 직선 n이 두 직선 l, m과 만나서 오른쪽에 크기가 a와 b인 각을 만들었습니다. 그런데 $a+b$의 값이 2직각, 즉 $180°$보다 작은 경우 두 직선 l과 m을 끝없이 연장했을 때 그 각을 만든 쪽에서 반드시 한 점 P에서 만난다는 이야기지요.

어때요? 쉽지요? '공리', '공준'이라는 말은 처음 들어서 어렵게 느낄 뿐이지 사실 알고 보면 너무나 당연해서 여러분도 벌써 다 알고 있는 이야기라고 했잖아요.

 이와 같이 내가 원론을 설명하기에 앞서《기하학 원론》에 나와 있는 5공리와 5공준에 대해 미리 이야기한 이유는 거기 나오는 모든 정리와 증명이 이 공리와 공준에 기초한 것이기 때문이에요. 앞에서 삼각형 내각의 합이 180°가 됨을 증명할 때 혹시 기억나나요? 한 친구가 '엇각의 크기는 같다.'라는 성질을 이용하여 증명했는데, "왜 엇각은 같나요?"라고 묻는다면 이제 **공준 ❺**를 이용하여 엇각이 같음을 증명하면 되는 것이지요. 이처럼 어떤 사실을 증명할 때, 누구나 사실이라고 인정하는 공리와 공준이 없다면 많은 논란이 일어날 수 있답니다.

 《기하학 원론》이야기가 시작되니 다들 목마른 사슴이 우물을 찾은 듯한 표정이군요. 이제 여러분도 수학자의 길로 들어선 것입니다. 연역적 추론 방법도 알고, 기본이 되는 공리와 공준에 대해서도 알게 되었으니 나와 같이《기하학 원론》을 쓸 자격이 충분하답니다. 어떻게《기하학 원론》과 같은 책을 쓰냐고요? 사실 비밀인데요,《기하학 원론》은 정확히 말하자면 책이 아니랍니다. 그 이유는 다음에 설명하도록 하죠. 오랜만에 수학 이야기를 했더니 나도 많이 피곤하네요. 아쉽지만 다음 시간에 만나요.

수업정리

❶ 연역적 추론에서 기본이 되는 사실을 약속하기 위해 유클리드는 5공리와 5공준을 설명했습니다.

❷ 유클리드의 5공리

① 동일한 것의 같은 것은 서로 같다. 같은 것과 같은 두 개의 것은 서로 같다.

② 서로 같은 것에 같은 것을 각각 더하면, 그 결과는 같다.

③ 서로 같은 것에서 같은 것을 각각 빼면, 그 결과는 같다.

④ 서로 일치하는 것은 서로 같다.

⑤ 전체는 부분보다 더 크다.

❸ 유클리드의 5공준

① 임의의 한 점에서 임의의 다른 한 점으로 직선을 그을 수 있다.

② 유한한 선분이 있다면, 그것은 얼마든지 길게 늘일 수 있다.

③ 임의의 한 점을 중심으로 하고, 임의의 길이를 반지름으로 하는 원을 그릴 수 있다.

④ 직각은 모두 같다.

⑤ 하나의 직선이 두 직선과 만나서 같은 쪽에 생긴 각을 더한 값이 2직각보다 작은 경우, 두 직선을 한없이 연장하면 2직각보다 작은 각이 만들어진 쪽에서 만난다.

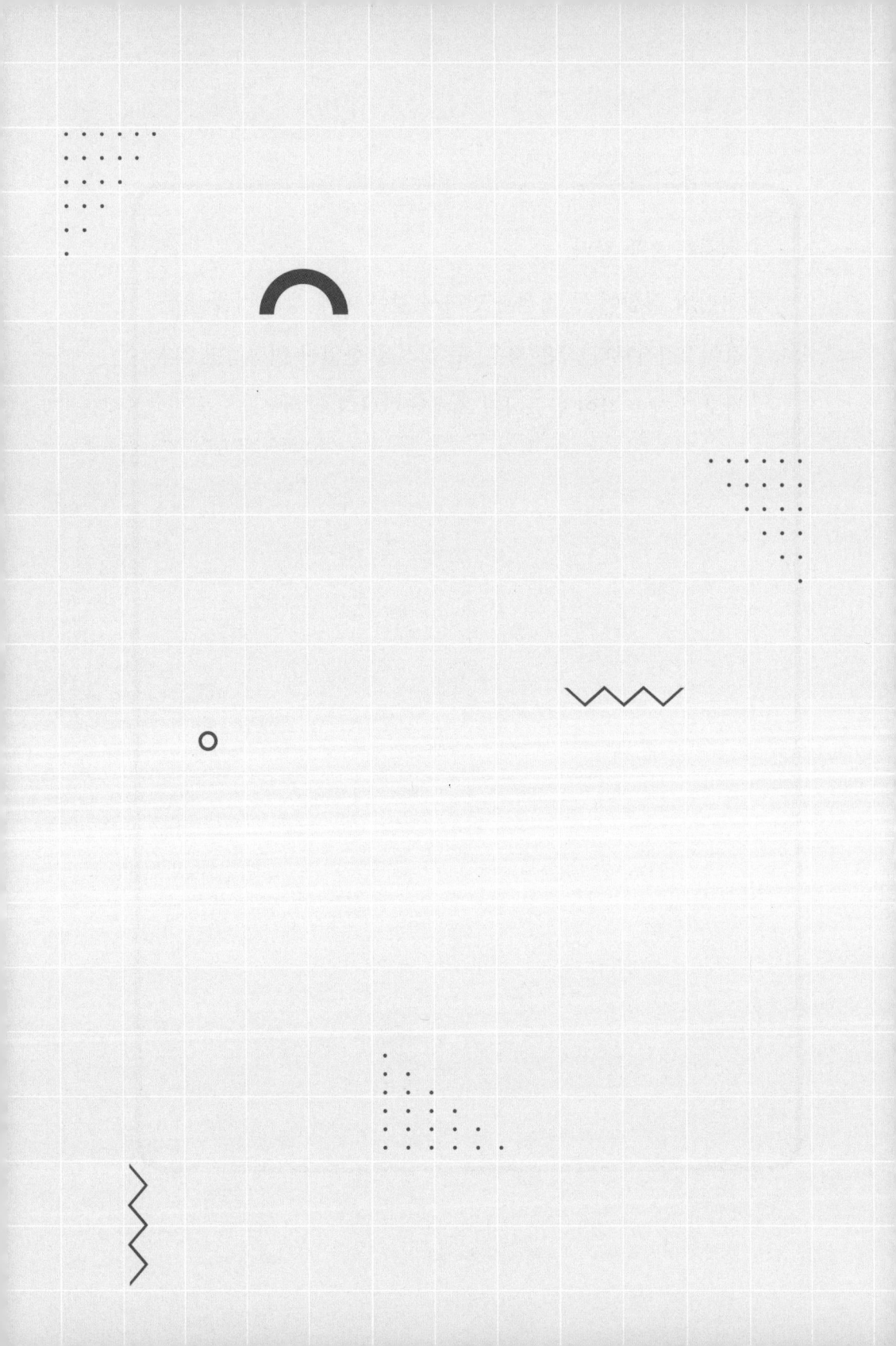

6교시
기하학의 교과서 《기하학 원론》이란?

유클리드가 쓴 《기하학 원론》에 대해 알아봅시다.

수업 목표

1. 《기하학 원론》이 만들어지기까지의 역사적 사실을 알아봅니다.
2. 《기하학 원론》의 구성에 대해 알아봅니다.
3. 《기하학 원론》의 내용은 무엇인지 알아봅니다.

미리 알면 좋아요

《기하학 원론》은 책의 제목이랍니다. 하지만 《기하학 원론》이라는 책은 여러 가지가 있었답니다. 유클리드가 《기하학 원론》을 쓰기 전부터 이미 《기하학 원론》은 다른 사람이 쓴 책으로 전해져 왔답니다. 하지만 유클리드의 《기하학 원론》이 유명한 이유는 그 당시까지 내려오던 모든 《기하학 원론》과 기하학적 사실을 체계적으로 잘 정리해 놓았기 때문입니다. 그래서 지금까지 '기하학의 교과서'라고 불릴 만큼 유명한 책이 된 것이랍니다.

유클리드의
여섯 번째 수업

　자, 어때요? 이제 책의 절반을 넘어서니 서서히 수학 시간이라는 생각이 드나요? 하지만 앞에서도 말했듯이 '수학'이라고 해서 겁먹거나 어려워할 필요가 없다는 것을 전 시간을 통해 잘 알 수 있었지요? 오늘은 《기하학 원론》이 어떻게 구성되어 있으며 과연 어떤 책인지 전체적으로 알아보도록 하겠습니다.

기하학의 집대성《기하학 원론》

《기하학 원론》의 모든 내용은 초중고 교과 과정에서 다루는 도형 영역의 바탕을 이루는 내용입니다. 혹시 여러분은 세상에 출간된 책 중에 가장 많이 팔린 책이 무엇인지 알고 있나요? 물론 내가 쓴 《기하학 원론》이라면 좋겠지만 그렇지는 않습니다. 지금까지 세상에서 가장 많이 팔린 책은 '성경'이라고 합니다.

《기하학 원론》은 그다음으로 많이 팔린 책이지요. 내가 쓴《기하학 원론》은 출간 후 모든 학교에서 교과서로 사용되었습니다. 그 전까지는 모두 내 책을 손으로 옮겨 적어서 읽다가 1482년에 비로소 인쇄술을 이용한 책의 형태로 발행하게 되었답니다.《기하학 원론》이 1482년에 출판된 이후 1000번 이상을 더 찍었으니까 팔린 양은 어마어마하겠지요?

《기하학 원론》의 탄생

먼저 《기하학 원론》을 완성하기까지 도움을 준 사람을 소개하지 않을 수 없군요. 앞에서 위대한 수학자인 탈레스와 피타고라스에 대해서는 소개했으니 여기서는 생략하도록 하고요. 내가 《기하학 원론》을 쓰기 전에 이미 기하학을 체계적으로 정리하려는 여러 선생님이 있었답니다.

기원전 400년경, 히포크라테스가 최초로 《기하학 원론》을 집필했답니다. 내가 쓴 《기하학 원론》의 1권에서 4권까지의 내용은 히포크라테스가 만들어 놓은 《기하학 원론》을 참고하였지요. 그뿐만 아니라 레온Leon, 테우디우스Theudius도 《기하학 원론》을 집필했답니다.

　그런데 이 사람의 기록은 나의 《기하학 원론》이 나온 이후 전부 사라지고 말았답니다. 왜냐고요? 아까도 말했듯이 그 당시에는 인쇄술이 발달하지 못해 책이라는 것을 모두 손으로 베껴 써야 했거든요. 그러므로 더 이상 읽히지 않는 책은 없어지고 말았지요. 왜 내가 쓴 《기하학 원론》만 살아남았는지는 더 이야기하면 내 자랑 같아서 여기까지만 해야겠어요.

《기하학 원론》은 어떻게 구성되어 있나요?

　《기하학 원론》은 총 13권으로 되어 있답니다. 13권이라고 하니까 깜짝 놀랐지요? 어떻게 한두 권도 아니고 13권의 책을 손으로 다 옮겨 적었는지 의심하는 사람이 있군요. 사실 13권이라는 말은 책으로 13권이라는 이야기가 아닙니다. 정확히 이야기하자면 13개의 양피지 두루마리로 구성되어 있답니다. 이 13권은 모두 공리와 공준을 기본 사실로 하여 연역적인 방법으로 정리, 증명되었지요. 이처럼 연역적인 방법으로 책을 썼기 때문에 사람이 다른 책보다도 내가 쓴 《기하학 원론》을 더 좋아한 것 같아요. 그럼 이제 각 권에 어떤 내용이 정리되어 있는지 한번 살펴볼까요?

유클리드의 《기하학 원론》

- 1권 : 직선, 각, 삼각형 ⎫
- 2권 : 도형의 넓이   ⎬ 평면기하
- 3권 : 원   ⎪
- 4권 : 정다각형과 원   ⎭

- 5권 : 비율   ⎫ 에우독소스의 비율 이론과
- 6권 : 닮음꼴 ⎭ 그것의 기하학에의 응용

- 7권 : 약수와 배수   ⎫
- 8권 : 수들의 비율   ⎬ 초등 수론
- 9권 : 홀수, 짝수, 완전수 ⎭

10권 : 무리수

11권 : 공간기하

12권 : 입체의 부피 } 공간기하

13권 : 정다면체

가장 오래된 유클리드 《기하학 원론》의 일부분과 1570년경 출판된 《기하학 원론》

《기하학 원론》에서는 기하학뿐만 아니라 그 당시까지 전해져 오는 모든 수학을 체계적으로 정리하려고 했어요. 그러다 보니 '수 영역'도 포함하게 되었지요. 하지만 대부분의 내용은 기하학에 관한 것이랍니다.

《기하학 원론》의 전개는 어떻게 이루어지나요?

《기하학 원론》은 앞의 시간에 이야기한 것과 같이 공리와 공준 그리고 정의로부터 다양한 성질을 증명하는 방법으로 구성되어 있답니다. 그런데 공리와 공준은 설명했는데 '정의'에 대해서는 설명하지 않았다고요? 그럼 제1권에 나와 있는 정의에 대해서 알아볼까요?

> **Tip 정의**
>
> (1) 점은 부분이 없는 더 이상 쪼갤 수 없는 것이다.
> (2) 선은 폭이 없이 길이만 있는 것이다.
> (3) 선의 양 끝은 점이다.
> (4) 직선은 점들이 곧게 늘어선 것이다.
> (5) 면이란 길이와 폭만 있는 것이다.
> (6) 면의 끝은 선이다.
> (7) 평면은 직선이 곧게 늘어선 것이다.
> (8) 평면에 있는 두 선이 만나고, 그들이 한 직선에 놓여 있지 않을 때, 그들이 서로 기운 정도를 각이라고 부른다.
> (9) 각을 만드는 두 선이 직선일 때, 그 각을 직선 각이라고 부른다.
> (10) 직선이 다른 한 직선과 만나 만들어지는 이웃하는 각들이 서로 크기가 같으면 그 각을 직각이라고 부른다. 이때 두 직선은 서로에 대해 수선이라고 부른다.
> (11) 직각보다 큰 각을 둔각이라고 한다.
> (12) 직각보다 작은 각을 예각이라고 한다.
> (13) 둘레는 어떤 것의 끝경계이다.

⒁ 도형이란 하나 또는 그 이상의 경계에 의해 둘러싸인 것이다.
⒂ 원이란 그 도형의 내부에 있는 한 정점으로부터 곡선에 이르는 직선거리가 똑같은 하나의 곡선에 둘러싸인 평면도형이다.
⒃ 그리고 이 정점을 원의 중심이라고 한다.
⒄ 원의 지름이란 원의 중심을 지나 원둘레의 양 끝에서 끝나는 직선을 말한다. 지름은 원을 이등분한다.
⒅ 지름과 지름이 자른 원둘레가 둘러싼 도형을 반원이라고 한다. 반원의 중심은 원의 중심과 같다.
⒆ 다각형은 직선으로 둘러싸인 도형이다. 삼각형은 세 개의 직선으로 둘러싸인 도형이다. 사각형은 네 개의 직선으로 둘러싸인 도형이다.
⒇ 세 변의 길이가 모두 같은 삼각형을 정삼각형이라고 부른다. 두 변의 길이가 같은 삼각형을 이등변삼각형이라고 부른다. 세 변의 길이가 모두 다른 삼각형을 부등변삼각형이라고 부른다.
(21) 직각삼각형은 직각을 가진 삼각형이다. 둔각삼각형은 둔각을 가진 삼각형이다. 예각삼각형은 세 각이 예각인 삼각형이다.
(22) 정사각형은 도형을 둘러싸고 있는 네 변의 길이가 모두 같고, 네 각의 크기가 직각으로 같은 사각형이다. 직사각형은 각이 모두 직각인 사각형이다. 마름모는 네 변의 길이가 모두 같은 사각형이다. 평행사변형은 마주 보는 변들이 서로 평행한 사각형이다. 이들 이외의 사각형을 부등변사각형이라고 부른다.
(23) 평행선이란 같은 평면에 있는 직선들로 양쪽으로 아무리 길게 늘여도 양쪽 어디에서도 만나지 않는 직선들을 말한다.

"유클리드 선생님, 이것들은 어디서 많이 보던 것들인데요?"

맞아요. 앞에서 말했듯이 내가 쓴《기하학 원론》의 내용은 아직도 여러분의 교과서에 살아 숨 쉬고 있다니까요. 그럼 정의가 무엇인지도 쉽게 알 수 있지요? 맞아요. 초등학교 교과서에 '약속하기'라는 말로 나와 있듯이 수학에 쓰이는 용어에 대해 모든 사람이 약속을 하는 거예요. 만약 이런 약속이 없다면 많은 말다툼이 일어나게 된답니다.

《기하학 원론》의 제1권은 이와 같이 23개의 정의로 시작하고 있답니다. 간단하면 간단할수록 좋은 정의라고 볼 수 있습니다. 하지만 너무 간단하여 설명이 부족하다면 많은 혼란이 생길 수 있겠지요. 예를 들어 정사각형을 더욱 간단히 하기 위하여 '네 변의 길이가 같은 사각형'이라고 정의한다면 어떤 일이 일어날까요? 그래요. 마름모와 구별이 되지 않겠죠. 너무 자세히 정의하기 위해 정사각형을 '네 변의 길이가 같고, 네 각의 크기가 모두 직각으로 같으며, 마주 보는 두 변은 평행하고, 대각선은 서로 직각으로 만나며…….'와 같이 정의한다면 그것은 정의가 아니라 성질을 나열한 것이 되어 버린답니다. 여러분도 정의할 때는 되도록 간단하게, 하지만 모자람이 없이 하라는 말을 새겨 두도록 하세요. 내가 지금까지 이렇게 여러분 앞에 인기 있는 선생님으로 수업을 할 수 있는 것도 바로 이런 이유 때문이랍니다. 이런! 여러분 인상이 구겨지는 것을 보니 선생님이 또 잘난 체를 했군요.

이와 같이 공리와 공준 그리고 정의라는 뿌리를 가지고 많은 성질을 이끌어 내서 풍성한 잎을 만들고 있는 것이 바로《기하학 원론》이라고 보면 됩니다. 이제《기하학 원론》이 무엇을 기초로 하고 어떤 형태로 구성되어 있고, 그 내용은 무엇인지 대략 알 수 있겠지요? 물론 이 책에서는《기하학 원론》을 구석구석 공부하지는 않을 거랍니다. 그 이유는《기하학 원론》의 내용은 그 당시 전해 오던 모든 수학을 집대성한 것이기 때문에 여러분이 이해할 수 있는 내용도 있고, 이해하지 못하는 내용도 있기 때문이랍니다. 조금 어려운 내용은 중고등학교를 들어가면 배우게 될 테니 너무 서두르지 마세요. 이제 여러분은 수학 교과서에서 도형에 관한 내용이 나오면 '이 내용도《기하학 원론》에 나와 있나?' 하고 궁금해질 겁니다.

오늘은 여러분이 그렇게도 궁금해하던《기하학 원론》이 어떤 책인지 알아보았어요. 조금은 어려웠지만 이제 어디 가서도《기하학 원론》이라는 이야기가 나오면 누구보다 많이 알고 있을 거예요. 오늘 정말 열심히 공부한 학생들, 그럼 잠시 쉬고 다음 시간에 만나요.

수업 정리

❶ 유클리드의《기하학 원론》은 지금까지도 교과서의 근간을 이루고 있습니다.

❷《기하학 원론》은 성경 다음으로 많이 팔린 책입니다.

❸《기하학 원론》은 총 13권으로 구성되어 있습니다.

❹《기하학 원론》은 '공리'와 '공준' 그리고 '정의'로부터 여러 가지 성질을 연역적으로 추론하여 증명하는 방법이 쓰여 있습니다.

❺ 수학에 대한 정의는 되도록 간결하게, 하지만 설명이 모자라지 않도록 해야 합니다.

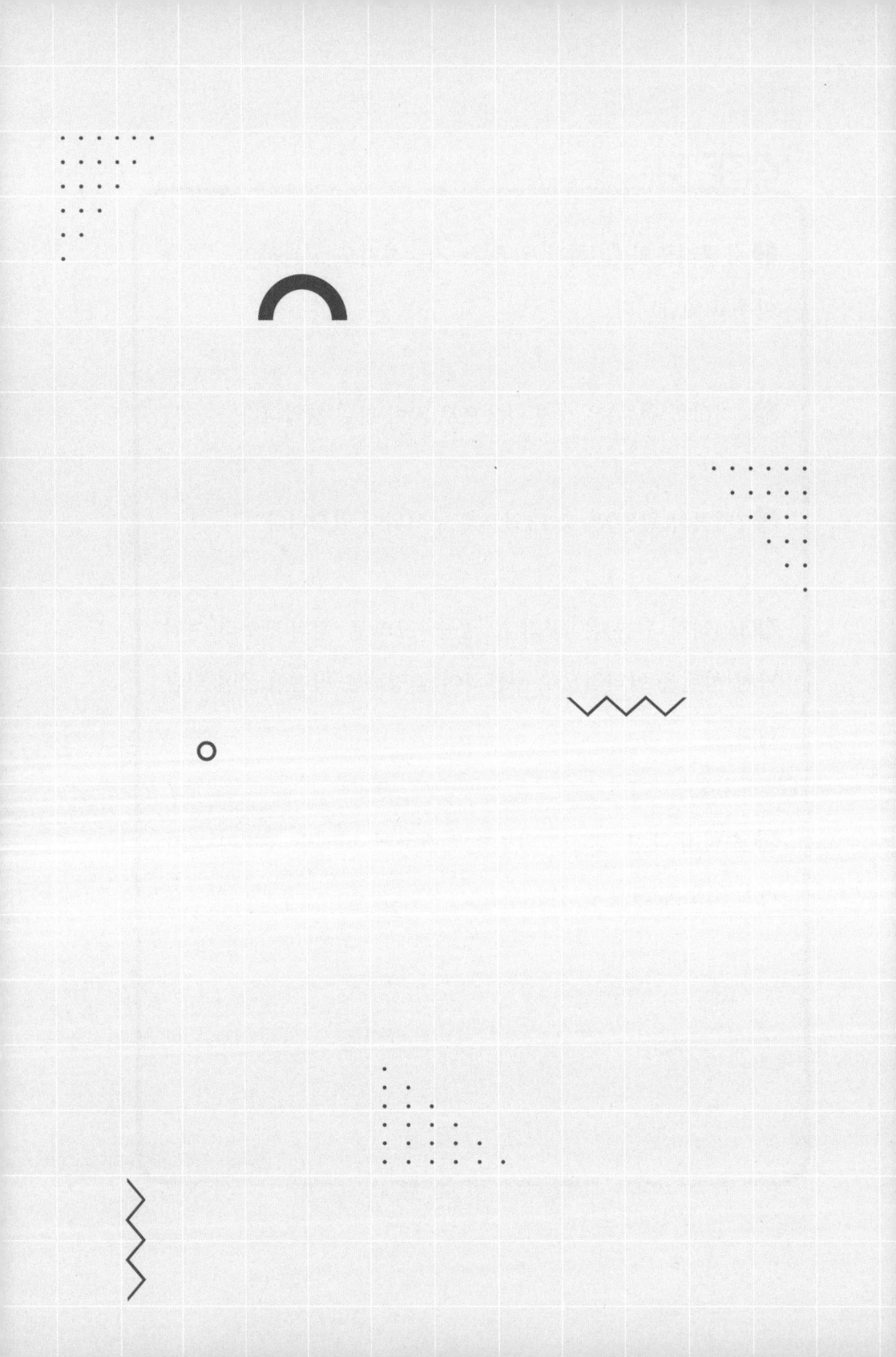

7교시

《기하학 원론》의 단점, 평행선 공준!

공준5의 문제점은 무엇일까요?
평행선 공준에 대해 알아봅시다.

수업 목표

1. 평행선 공준을 알아봅니다.
2. 평행선 공준의 다른 표현 방법을 이해합니다.

미리 알면 좋아요

평행선 한 평면에서 두 선분을 한없이 늘였을 때, 서로 만나지 않을 경우 두 선분을 평행선이라고 합니다. 평행선은 도형을 이루는 선분들의 기초가 되는 만큼 중요한 성질 중의 하나이지요. 평행하지 않은 두 선분은 한없이 늘였을 때, 한 점에서 만나게 된답니다.

유클리드의 일곱 번째 수업

여러분, 벌써 일곱 번째 수업이네요. 이제 여러분은 《기하학 원론》에 대해서 잘 알고 있을 거예요. 그런데 혹시 내가 설명한 내용 중에서 이해가 안 되거나 의심이 가는 부분은 없었나요? 그리스인처럼 의심이 많다면 아마 질문하는 친구가 있었을 거예요. 왜 갑자기 물어보냐고요? 오늘은 내가 앞에서 설명한 공준 ❺에 대해서 좀 더 자세히 이야기하기 위해서랍니다.

앞의 공준에서 배웠듯이 **공준 ❹**까지는 간결하고도 자명한 진리로 보였답니다. 그런데 **공준 ❺**는 간결하지 않고 한 번에 이해되지 않는다는 것을 느낀 학생들이 있을 거예요. 왜 그럴까요? 이 질문은 지난 2000년간 수학자들도 궁금해하던 질문이랍니다. 그럼 나와 함께 **공준 ❺**에 대해서 자세히 알아보도록 해요.

공준 ❺는 왜 간결하지 못할까?

공준 ❺ 하나의 직선이 두 직선과 만나서 같은 쪽에 생긴 각을 더한 값이 2직각$_{180°}$보다 작은 경우, 이 두 직선을 한없이 연장하면 2직각보다 작은 각이 만들어진 쪽에서 만난다.

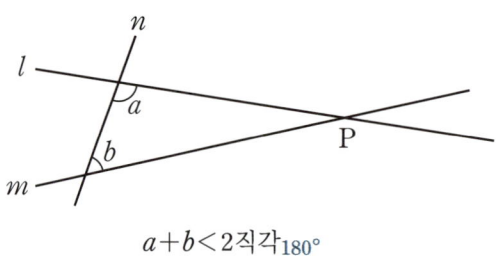

$a+b<2$직각$_{180°}$

정의는 최대한 간결하면서도 모자람이 없는 것이 가장 훌륭하다고 전 시간에 말한 기억이 나나요? 그런데 왠지 **공준 ❺**는 간결하지 못하다는 생각을 가진 사람이 많았답니다. 사실 공준 ❹까지는 모든 사람이 예전부터 그렇게 믿어 왔고 당연하다고 생각했습니다. 내가 쓴《기하학 원론》전에도 기하학 책이 많이 있었다는 사실은 알고 있지요? 내가《기하학 원론》이라는 책을 쓰기 전까지 공준 ❹까지의 내용은 이미 많은 사람이 알고, 공준으로서 받아들이던 내용이었습니다. 그런데 나는《기하학 원론》을 쓰기 시작하면서 그것만으로는 연역적 추론을 하기에 너무나도 부족함이 많다는 것을 느꼈답니다.

그래서 공준 ❺를 내가 만들어 낸 것이지요. 그런데 아무리 노력해도 공준 ❺는 더 이상 간결해지지 않았어요. 하지만 그것만으로도 많은 것을 증명하고 많은 수학적 성질을 만들어 낼 수 있었지요.

하지만 역시 수학자들은 이것을 보고 그냥 넘어가지 못했답니다. **공준 ❺**는 다른 식으로 표현하면,

공준 ❺ 한 직선 l과 l 위에 있지 않은 한 점 P가 주어질 때, 점 P를 지나고 직선 l과 평행인 직선 m은 유일하게 존재한다.

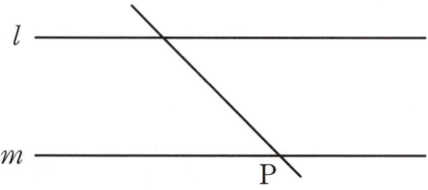

그래서 **공준 ❺**를 평행선 공준이라고 하지요.

어떤가요? 이렇게 보니 훨씬 쉽고 당연하다고요? 직관적으로 보기에는 간결하고 당연해 보여도 수학자들은 그것을 증명하기 전까지는 자명하다고 생각하지 않습니다. 나 또한 이 공준 ❺를 만들고 나서 이것을 사람이 어떻게 받아들일까 하고 많이 고민했답니다. 그래서 가능하면 공준 ❺를 많이 사용하지 않으려고 노력했지요. 하지만 이것을 공준으로 받아들이지 않는다면 더욱 많은 문제점이 생기기 때문에 어쩔 수 없이 공준으로 인정했던 것입니다.

수학자들은 증명할 수 없는 경우 가정을 세워 고민합니다. 평행선 공준이 이상하다고 생각한 수학자들은 다음과 같은 두 가지 가정을 세웠답니다.

[가정 1] 한 직선이 있고 직선 밖의 한 점이 있을 때, 그 점을 지나 직선에 평행인 직선이 존재하지 않는다면?

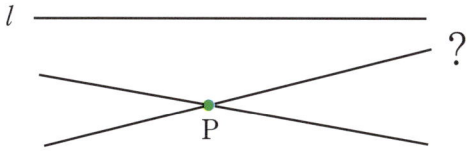

[가정 2] 한 직선이 있고 직선 밖의 한 점이 있을 때, 그 점을 지나 직선에 평행인 직선이 여러 개 존재한다면?

l ─────────────────

• ?
P

어때요? 여러분 생각도 그러한가요? 종이 위에 직선을 그리고 직선 밖에 한 점을 찍은 후 점을 지나는 평행선을 그을 수 없는 경우가 있을까요? 또한 여러 개의 평행선을 그을 수 있나요? 그리고 이러한 평행선 공준이 우리의 세계를 반영하여 일치하는 것인지 그리고 평행선 공준을 위반하는 위의 두 가지 가정이 항상 옳을 수 있는지 여러분도 한 번쯤 고민해야겠지요? 자꾸 어려운 질문만 한다고요? 그렇지 않아요. 여러분의 고민이 많을수록 나에게는 여러분이 더 똑똑해지는 소리가 들리는걸요?

그럼 내가 제시하는 그림을 잘 살펴볼까요? 옆에 보이는 그림은 철로를 바라보았을 때 그림입니다. 그림 속에서 두 철로가 계속해서 똑바로 뻗어 나간다면 철로를 그림 위에 나타내었을 때, 두 철로는 만날까요? 만나지 않을까요? 만약 만나는 것으로 보인다면, 이 철로는 평행한 철로가 아닌가요? 아니면 만나더라도 평행한 철로인가요?

수학자들도 지금 여러분에게 보이는 똑같은 현상을 두고 공준 ❺를 고민했답니다.

유클리드가 틀렸다고?

하여튼 내가 죽고 난 후 여러 수학자가 오랜 시간을 거쳐 평행선 공준을 증명하려고 노력했답니다. 무려 약 2000년 동안 말이죠. 내가 너무 어려운 문제를 남겼나 봅니다. 그 뛰어난 수학자들의 시간을 낭비하게 만들었으니 말이죠.

그래서 수학자들은 평행선 공준을 무시하기 시작하지요. 나로서는 기분 나쁜 일이기도 하지만 어찌 보면 홀가분하게 짐을 덜은 기분이었어요. 수학자들은 평행선 공준을 벗어 버린 순간 더욱 다양한 사고를 하기 시작했답니다. 그들을 일컬어 '비유클리드 기하학'을 공부하는 학자들이라고 불렀답니다. 그렇다고 그들이 내가 틀렸다고 말하는 것은 아니랍니다. 그들도 평행선 공준이 틀렸다고 증명하지는 못했으니까요. 단지 평행선 공준이 없다고 생각을 하고 기하학을 바라보기 시작한 것이랍니다.

　비유클리드 기하학이 탄생한 시기는 19세기랍니다. 그 대표적인 수학자는 리만이지요. 이때부터 기하학은 유클리드 기하학과 비유클리드 기하학으로 나뉘게 된답니다.

　"선생님, 근데 저희는 한 번도 비유클리드 기하학에 대해서 들어 본 적이 없는데요?"

　그것은 여러분이 고등학교 때까지 공부하게 될 기하학은 모두 유클리드 기하학이기 때문이지요. 하지만 여러분이 대학에 가서 수학에 대해 좀 더 깊이 공부하게 된다면 비유클리드 기하학에 대해서도 배우게 된답니다. 만약 지금 당장 비유클리드 기하학에 대해 알고 싶다면, 선생님이 다음 시간에 여러분이 이해할 수 있는 부분까지 비유클리드 기하학에 대해서 설명할 수도 있지요.

"선생님께서도 비유클리드 기하학에 대해서 아세요?"

그럼요! 선생님이 일찍 죽었다고 해서 모른다고 생각하는 건가요? 선생님도 비유클리드 기하학이 나왔을 때 공부를 했지요. 그럼 여러분의 열화와 같은 성원에 힘입어 다음 시간에는 비유클리드 기하학에 대해서 한번 알아보도록 하지요.

수업 정리

❶ 공준 ❺는 다음과 같이 표현하기도 합니다.

공준 ❺ 한 직선 l과 l 위에 있지 않은 한 점 P가 주어질 때, 점 P를 지나고 직선 l과 평행인 직선 m은 유일하게 존재합니다.

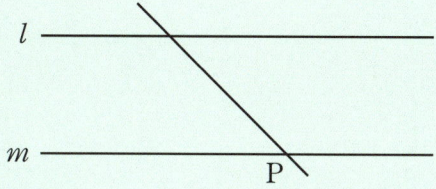

❷ 공준 ❺는 평행선 공준이라고 합니다.

❸ 평행선 공준은 지금까지도 맞는지 틀리는지 증명하지 못했습니다.

❹ 평행선 공준을 제외하고 기하학을 탐구하는 것을 비유클리드 기하학이라고 합니다.

8교시

비유클리드 기하학

비유클리드 기하학에 대해서 알아봅시다.

수업 목표

1. 리만 기하학이 무엇인지 알아봅니다.
2. 비유클리드 기하학은 어떻게 발전하게 되었는지 이해합니다.

미리 알면 좋아요

1. **평면** 종이를 생각하면 됩니다. 종이는 평평한 면으로 이루어져 있답니다.

2. **곡면** 축구공을 생각하면 됩니다. 축구공의 표면은 둥글둥글하지요? 이와 같은 면을 곡면이라고 한답니다. 리만은 우리가 살고 있는 지구는 둥그니까 우리가 살고 있는 면은 평면이 아니라 곡면이라는 생각을 바탕으로 기하학을 곡면에서 탐구하게 되지요. 이것이 리만 기하학의 시작이랍니다.

유클리드의 여덟 번째 수업

 지난 시간까지는 주로 《기하학 원론》의 내용을 공부했습니다. 오늘은 나의 전문 분야는 아니지만 여러분이 궁금해하는 비유클리드 기하학에 대해서 알아보도록 하겠습니다.

 전 시간에 이야기한 대로 비유클리드 기하학은 여러분이 대학을 가기 전까지는 공부하지 않기 때문에 생소하고 낯설 수도 있습니다. 하지만 여러분이 지금까지 갈고 닦은 논리의 힘으로 이해해 보도록 합시다.

비유클리드 기하학의 선구자 리만

리만Georg F. B. Riemann, 1826~1866도 다른 수학자들과 마찬가지로 유클리드 기하학을 공부한 수학자입니다. 그도 역시 평행선 공준을 받아들이기 쉽지 않았지요. 더욱이 다른 공리와 공준은 논리적으로 증

리만

명이 되는데 평행선 공준만 증명이 안 된다는 사실에 더욱 의심을 품었답니다. 하지만 그 또한 평행선 공준이 틀렸다고 말할 수 없었답니다. 그래서 그가 택한 방법은 평행선의 공준을 제외하고 기하학을 탐구하는 것이었습니다. 리만은 평면을 구면으로 생각하면서부터 놀라운 결과를 얻기 시작했습니다. 예를 들면 유클리드 기하학에서는 두 점을 잇는 가장 짧은 거리는 직선인데 반해 곡면에서는 두 점을 잇는 최단 거리는 직선이 아니라 곡선이었던 것이지요. 다음 그림을 한번 볼까요?

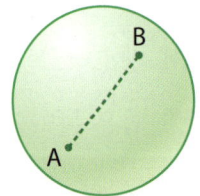

가장 가까운 거리는 직선

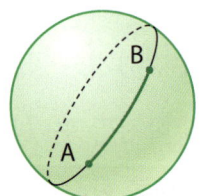

가장 가까운 거리는 곡선

어때요? 신기하지요? 리만의 생각이 바로 이것이랍니다. 우리가 살고 있는 세계는 평면의 세계일까요? 아니면 곡면의 세계일까요? 지구가 둥글다는 것은 누구나 알고 있는 사실인 것처럼 우리가 살고 있는 이 세계는 엄밀히 말하면 구면이랍니다. 그렇다면 자연 세계를 설명하는 기하학에서 구면을 평면으로 생각한 리만도 틀린 것이 아니지요.

새로운 기하학의 발전

리만이 시작한 비유클리드 기하학은 처음부터 나의 가정에 오류가 있었다고 말하지 못했답니다. 사실 그때까지 나의 영향력은 대단했으니까요. 하지만 리만이 죽고 난 후 발표된 그의 논문에는 나의 가정 일부에 오류가 있다는 내용이 들어 있었어요. 그것을 수정할 경우 모든 기하학을 다시 연구해야 할 지경에 이르렀습니다. 사실 어떤 사람의 주장이 2000년이 넘게 모순이 없이 진실로 받아들여진 예는 거의 없어요. 나의 주장은 그나마 장수를 누린 셈이죠. 그리고 리만과 나의 이론은 '한 사람의 주장이 맞으면 다른 사람의 주장이 틀리다.'와 같은 식이 아니라 '두 사람 모두의 주장이 맞다.'라고 받아들여졌답니다. 그럼 리만식으로 생각을 해 볼까요?

> **Tip 유클리드의 생각**
> 평면에서 평행하지 않은 두 직선은 무한히 늘일 경우 반드시 한 점에서 만난다.

> **Tip 리만의 생각**
> 평면구면에서 평행하지 않은 두 직선은 여러 개의 점에서 만날 수도 있다.

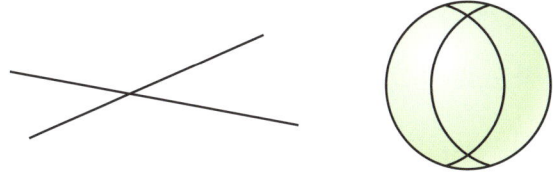

　단순히 평면을 구면으로만 바꾼 것인데도 우리가 당연하게 생각했던 것이 틀린 생각이 되어 버립니다. 이처럼 비유클리드 기하학에서는 내가 말하고 증명했던 대부분의 것이 다른 식으로 증명되고 다른 결론이 나왔답니다.

비유클리드 기하학이 아인슈타인을 탄생시키다?

　비유클리드 기하학은 학계에 일대 파장을 일으키고 여러 분야에서 그 영향력을 발휘하게 됩니다. 리만으로 시작된 비유클리드 기하학은 클라인과 벨트라미 그리고 비유클리드 기하학을 집대성한 로바쳅스키 등으로 이어져 연구의 성과가 더욱 풍성해지기 시작

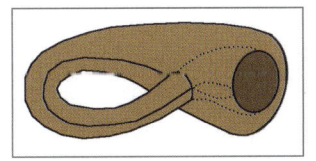

클라인 병안과 밖의 구분이 없는 병

합니다. 이렇게 발전한 비유클리드 기하학은 힐베르트까지 내려오게 됩니다. 그리고 힐베르트에 의해 다시 한번《기하학 원

론》이 쓰여지게 되지요. 힐베르트는 자신의《기하학 원론》에서 내가 암묵적으로 사실이라고 전제한 가정을 체계적으로 정리했습니다. 그리고 여러분이 살고 있는 시대는 바로 힐베르트가 쓴《기하학 원론》에 근거한 세계가 되는 셈이지요. 그리고 이와 같이 구부러진 공간에 대한 생각은 수학뿐만 아니라 모든 학문에 영향을 주게 됩니다.

'모든 학문의 어머니는 과학이고, 과학의 어머니는 수학이다.'라는 말, 기억하고 있죠? 수학이 변하면서 가장 많은 영향을 받은 학문은 무엇일까요? 바로 과학이랍니다. 그때까지 내려오던 물리학에 대한 생각이 공간의 변형에 따라 획기적인 변화를 맞게 됩니다. 여기에 공헌한 인물이 아인슈타인이지요. 따라서 리만과 같은 비유클리드 기하학자가 없었다면 아인슈타인의 이론도 꽃을 피우지 못했을 겁니다.

학문은 이처럼 다른 방법으로 생각의 전환을 시도하고 전 시대의 학자들이 남겨 준 지식을 더욱 발전시키며 새로운 지식을 찾는 것이랍니다.

그럼 아인슈타인의 생각을 들여다볼까요?

만약 우주가 평면이라면 지구에서 별까지의 거리는 아주 먼

거리이기 때문에 지금의 과학 기술로는 죽을 때까지 우주 비행선을 타고 가도 별에 도착하지 못한답니다. 하지만 아래 그림과 같이 공간이 구부러져 있다면 거리는 가까워지겠지요. 이런 생각도 비유클리드 기하학자들이 아니었다면, 아인슈타인 역시 생각하지 못했을 것입니다.

이처럼 모든 것을 한 번 더 맞는지 생각해 보는 습관은 여러분을 훌륭한 수학자, 과학자로 만들 수 있답니다.

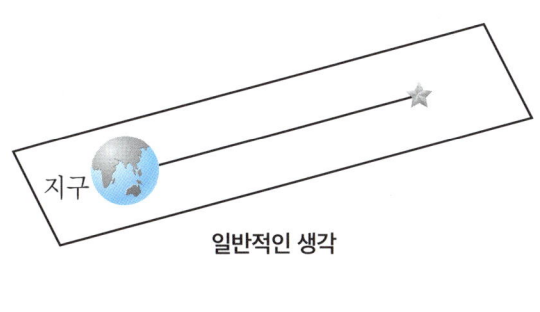

일반적인 생각

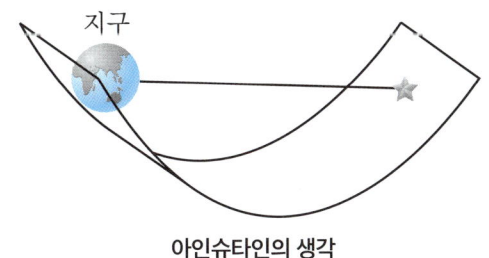

아인슈타인의 생각

수업정리

❶ 비유클리드 기하학의 선구자는 리만입니다.

❷ 두 점이 평면이 아니라 곡면에 존재한다면, 두 점을 잇는 최단 거리는 곡선이 됩니다.

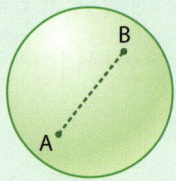 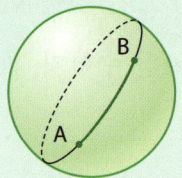

❸ 유클리드 기하학에서는 평행하지 않은 두 직선은 한 점에서 만나지만, 비유클리드 기하학에서는 평행하지 않은 두 직선은 여러 점에서 만날 수도 있습니다.

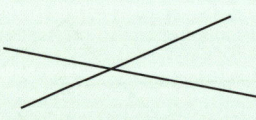 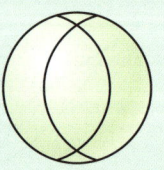

❹ 비유클리드 기하학은 현대 물리학에 큰 공헌을 했습니다.

9교시

그림이 없는 기하학, 해석기하학

데카르트가 기하학에 공헌한 바는 무엇일까요?

수업 목표

1. 데카르트식의 표현 방법은 무엇인지 알아봅니다.
2. 해석기하학은 기존의 기하학과 어떤 차이점이 있는지 이해합니다.

미리 알면 좋아요

데카르트 17세기 프랑스 철학자이자 수학자입니다. 데카르트는 그리스 사람과 마찬가지로 불변의 진리를 발견하고자 끊임없이 고민했답니다. 그래서 하나의 확실한 사실을 발견하게 되지요. 그것이 바로 고민하고 있는 자신이랍니다. 따라서 "나는 생각한다. 고로 존재한다."라는 말을 역사에 남겼습니다. 데카르트는 철학적으로도 뛰어난 업적을 남겼지만 그에 못지않은 수학적 업적을 남기게 됩니다. 그것은 바로 그림을 그리지 않고도 기하학을 탐구할 수 있는 표현 방법을 체계화한 것이랍니다.

유클리드의 아홉 번째 수업

지금까지 유클리드 기하학이 무엇인지, 그리고 비유클리드 기하학이 무엇인지 알아보았습니다. 비유클리드 기하학은 낯설었지요? 하지만 두 기하학 모두 자연 현상을 이해하는 데 중요한 이론이니 잘 알아 두어야 한답니다.

그럼 기하학은 세월이 흘러 어떻게 발전하게 되었을까요? 설마 여러분은 아직도 내가 쓴 《기하학 원론》을 교과서로 사용하고 있나요? 그렇지는 않을 거예요.

예전에는 공리와 공준 그리고 정의에 의해 기하학을 설명했다면 약 1600년경에는 기하학을 다루는 방법에 커다란 변화가 일게 되었답니다.

기하학에 대한 비판으로부터 출발

기하학을 탐구하는 과정에서 막연한 공간에 수학을 표현하는 것은 여간 힘든 일이 아니었답니다. 현대의 수학을 큰 나무에 비유한다면 내가 살던 고대 그리스의 수학은 어린 묘목이었기 때문에 그런 어려움도 감수했답니다. 그런데 점점 수학이 발전하고 세분화되면서 수학자들은 그런 표현 방법에 많은 불만이 있었답니다.

특히 17세기의 철학자이면서 수학자인 데카르트는 이러한 문제에 대해서 전통적인 그리스 기하학 표현 방법을 따를 경우 수학에 대해 '생각'하는 어려움보다 '표현'하는 데 더 많은 시간과 힘이 든다고 했습니다. 그는 고대 그리스의 파푸스가 만든 문제를 분석하면서 "이렇게 길게 문제를 적는 것만으로도 벌써 짜증이 난다."라고 말했을 정도랍니다. 그래서 그는 그리스식 표현 방법을 따르지 않고 수학을 좀 더 간단한 방법으로 표현하고자 노력했습니다. 하지만 그의 간단한 수학 기호와 방법은 다른 수학자들이 보기에 게으른 수학자가 요령을 피운다고 평가받기도 했답니다.

공간에 이름을 붙여 주자!

그리스식 수학 표현 방법에 불만을 가진 데카르트는 기하학을 공부하기에 좀 더 쉬운 방법이 없을까 하고 고민했답니다. 결국 그는 새로운 방법으로 기하학을 표현하기로 마음을 먹었지요. 그것은 바로 '공간에 이름을 붙여 주자.'라는 생각입니다.

> **메모장**
> ❹ **대수代數** 숫자와 기호를 사용하여 현상을 다루는 학문. 초등학교 수학 교과서에서 수와 연산 등이 대수 영역이다.

데카르트의 이런 생각은 더욱 발전하여 당시 수학이 대수❹와 기하로 분리되어 있던 것을 하나의 틀 안에서 다룰 수 있도록 했답니다. 이것은 수학에서는 커다란 발전이었지요.

그럼 나와 데카르트의 표현 방법을 한번 비교해 볼까요?

> **Tip 유클리드의 생각**
>
> 원이란 그 도형의 내부에 있는 한 정점으로부터 곡선에 이르는 직선거리가 똑같은 하나의 곡선에 의해 둘러싸인 평면도형이다. 또한 한 정점을 원의 중심이라 부른다.
>
> **Tip 데카르트의 생각**
>
> 원은 다음을 만족시키는 x, y이다.
> $x^2+y^2=r^2$, 이때 원의 중심은 $O(0, 0)$이고 r은 상수.

어때요? 이 식을 이해하지 못하는 학생들도 누구의 정의가 더 간결한지 알 수 있지요? 이처럼 데카르트는 공간을 수로 나타내었습니다. 그러면서 수를 이용하여 공간을 다룰 수 있게 되었답니다. 물론 처음부터 완벽한 표현은 아니었답니다. 데카르트가 처음 생각한 것은 x축과 y축만 있던 평면이었지요.

다음 그림과 같이 평면 위에 점 P가 있다면, 점 P의 x좌표는

y축으로부터 떨어진 거리입니다. 따라서 x좌표는 3이 됩니다. 또한 마찬가지로 y좌표는 x축으로부터 떨어진 거리를 y좌표로 하여 4가 됩니다. 따라서 x좌표가 3, y좌표가 4이므로 그 표현은 P(3, 4)라고 표현했답니다.

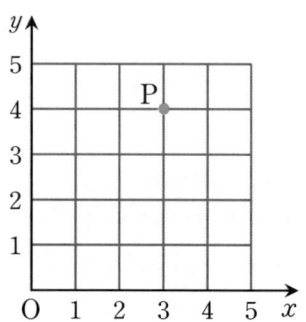

이런 방법을 처음 제안한 사람은 같은 시대의 수학자인 페르마였다고 합니다. 하지만 이 표현 방법을 처음 알린 사람은 데카르트이지요.

페르마   **데카르트**

여기서 어떤 학생들은 이러한 표현 방법에 대해 "이게 무슨 새로운 것이에요?"라고 질문할 수도 있을 것입니다. 맞습니다. 이것은 새로운 표현 방법은 아니랍니다. 이와 같이 공간에 이름을 붙여 표현하는 방법은 지도에 있어서는 훨씬 오래전부터 사용되던 방법이랍니다. 하지만 지도에서의 위치는 그냥 대략적인 위치일 뿐 이처럼 체계적인 방법을 보이지는 않는답니다.

수학의 비약적인 발전을 이룬 해석기하학

데카르트는 자신이 제안한 표현 방법으로 그리스 기하학에 접근했답니다. 그러자 어렵게 보이던 기하학이 쉽게 이해될 수 있었어요.

특히 곡선에 관한 탐구를 할 때, 좌표를 이용하니 놀라운 규칙이 발견되기 시작했답니다. 이러한 규칙은 기하학적으로 다루어지는 것이 아니라 대수적으로 다루어졌지요. 그 결과를 다시 기하학으로 반영하는 과정에서 기하학과 대수 사이의 간격은 점점 좁아졌습니다. 드디어 수학의 양대 산맥이 좀 더 친해지게 된 것이지요.

기하학 문제	대수적인 방법	기하학의 발전
다음 두 원이 만나 생기는 두 점 사이의 거리는 얼마입니까?	다음 방정식을 만족하는 x, y값을 구하시오. $$\begin{cases} x^2+y^2=10 \\ (x-2)^2+y^2=15 \end{cases}$$	중심이 $(3, 5)$이고 반지름 3cm인 원의 방정식을 구하시오. $$(x-3)^2+(y-5)^2=3^2$$

게다가 대수적으로 어려운 문제는 좌표를 이용하여 그래프로 나타내면 쉽게 해결되는 경우가 생기고, 기하에서 어려운 문제를 대수적으로 표현하면 쉽게 해결되는 경우가 종종 생기면서 수학은 빠르게 발전했습니다.

다음 두 개의 직선 사이에는 어떤 관계가 있을까요?

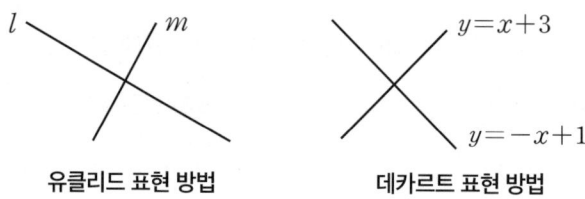

유클리드의 표현 방법으로 두 직선 사이의 관계를 알아내려면 공리와 공준, 정의와 명제를 이용하여 하나씩 알아봐야 합니다. 하지만 데카르트의 표현 방법을 보면, 대수적인 방법으로 두 직선은 서로 직각으로 만나고, 그 점은 $(-1, 2)$라는 것을 구할 수 있습니다. 이처럼 기하학을 대수적으로 해석하여 탐구하는 것을 해석기하학이라고 합니다. 이와 같은 해석기하학의 영향으로 다시 한번 수학은 비약적인 발전을 이루게 됩니다. 이런 해석기하학의 영향으로 위대한 수학자 가우스가 등장하게 되고 라이프니츠에 의해 실생활에서 막강한 힘을 가진 미적분도 발전할 수 있게 된 것이지요. 아! 미적분이 무엇이냐고요? 지금 미적분을 소개하기에는 너무 긴 이야기가 될 것입니다.

이제 어느덧 나의 이야기가 끝난 것 같아요. 여러분은 나와 함께 2000년의 역사를 가진 기하학에 대해서 공부했습니다. 어때요? 머리만 더욱 아파졌다고요? 수학은 어떤 면에서는 머리가 아픈 학문이 맞습니다. 하지만 하나의 문제를 해결했을 때, 그 통쾌함이 아마 두통을 한 방에 날려 줄 수 있을 거예요. 그리고 여러분이 나의 수업을 들으면서 그만큼 많은 지식을 쌓았다면 나는 그것만으로도 만족한답니다.

이제 여러분과 작별 인사를 해야 할 때가 된 것 같아요. 아마 다른 수학책에서, 나의 이름이 나온다면 "아, 원론!"이라고 외치게 될 것 같네요.

마지막으로 여러분에게 꼭 하나 하고 싶은 말이 있어요. 수학은 자연 현상을 설명하는 진리에 가장 가까운 학문이라는 것입니다. 그만큼 명료하고 진실에 가장 가깝게 다가갈 수 있는 방법이지요. 이 말을 잊지 말고 앞으로도 많은 수학자를 만나 재미있는 수업을 하기 바랍니다. 그럼 여러분 이만 안녕!

수업 정리

❶ 데카르트는 공간에 이름을 붙여 기하학에서 도형을 쉽게 다루려고 했습니다.

❷ 데카르트의 공헌 때문에 기하학은 대수적으로, 대수적인 것은 기하학으로 다룰 수 있게 되면서 수학은 큰 발전을 이루게 됩니다.

NEW 수학자가 들려주는 수학 이야기 36
유클리드가 들려주는 기하학 원론 이야기

ⓒ 유대현, 2009

2판 1쇄 인쇄일 | 2025년 6월 26일
2판 1쇄 발행일 | 2025년 7월 10일

지은이 | 유대현
펴낸이 | 정은영
펴낸곳 | (주)자음과모음

출판등록 | 2001년 11월 28일 제2001-000259호
주소 | 10881 경기도 파주시 회동길 325-20
전화 | 편집부 (02)324-2347, 경영지원부 (02)325-6047
팩스 | 편집부 (02)324-2348, 경영지원부 (02)2648-1311
e-mail | jamoteen@jamobook.com

ISBN 978-89-544-5281-6 44410
     978-89-544-5196-3 (세트)

• 잘못된 책은 교환해 드립니다.